健康活力唤醒系列

跑在路上，匀加速

健康活力唤醒系列编写组　编

化学工业出版社

跑者们新手上路，总会觉得无所适从，到底该注意些什么？准备些什么？防备些什么？怎样才能让自己安全又健康地越跑越快，越跑越自信，越跑越在行呢？

《跑在路上，匀加速》为你准备了：开跑前的问东问西，决定开跑这些细节你得知道，跑在路上我们一起匀加速，跑得爽也得在意自我保护，跑步与营养补充，工欲善其事必先懂装备，徒手训练计划7样跑者法宝，面对各种问题，3个一直跑在路上的人给出了不同方向的解答，还有运动科普专家开具的运动处方全面提升体能。

启云：昔日的运动健将，跑圈的小旋风。

Piri：运动生理专家，跑在路上的医生。

顺顺：健身抗击病魔，跑在路上的女汉子。

景琦：勤奋的运动科普博主，微博健身大V。

有职业运动员，也有运动医学专家；有男，也有女；有跑了几十年的，也有跑了没多久的；有跑过无数个完赛的，也有刚刚经历了人生第一次全马的。相信这样一个全方位、立体化、360大包围的回答团队，能带给你不一样的学跑体验。

图书在版编目（CIP）数据

跑在路上，匀加速/健康活力唤醒系列编写组编．北京：化学工业出版社，2018.6
（健康活力唤醒系列）
ISBN 978-7-122-32061-2

Ⅰ.①跑…　Ⅱ.①健…　Ⅲ.①跑-健身运动-基本知识　Ⅳ.①G822

中国版本图书馆CIP数据核字（2018）第082281号

责任编辑：宋　薇　　　　装帧设计：张　辉
责任校对：宋　夏

出版发行：化学工业出版社（北京市东城区青年湖南街13号　邮政编码100011）
印　　装：中煤（北京）印务有限公司
710mm×1000mm　1/16　印张8　字数128千字　2018年7月北京第1版第1次印刷

购书咨询：010-64518888（传真：010-64519686）　售后服务：010-64518899
网　　址：http://www.cip.com.cn
凡购买本书，如有缺损质量问题，本社销售中心负责调换。

定　　价：49.80元

目　录

跑在路上，匀加速

人物介绍

我所认识的启云：

经人引荐结识了启云，各种不明觉厉的光圈笼罩下，有点儿好奇到底能是个啥样的人。初见他时才发现，是个腼腆、爱笑的大男孩，一口整齐的小白牙，配上黝黑的圆脸，除了跑得快之外，最大的感受是：这人长得可真喜庆。最初客套的称其为：郭老师，聊过之后改口：小郭，看过经历之后，惊呼郭大侠，听piri和顺顺提到他，都尊称为郭大神。最羡慕他的是，什么都吃，什么好吃的都能可劲吃，吃什么、吃多少都能消耗得掉。

我所认识的piri：

是个文质彬彬的人，有着令人艳羡的纤瘦身材，突出的印象是两条大长腿，之所以这么说，羡慕嫉妒主要是恨的成分比较多。虽然是校友，但他不是以“习武见长”的体育生，而是被院里群众仰视的“运动医学”专业出身。跑了7年的piri，其实挺让人敬佩的，听他说起，最初也跑不了多远，凭着一颗恒心，也跑了不少地方，参加了很多比赛，是个自学成才的典范。

我所认识的顺顺：

是个正装笔挺的职业女性，办事严谨，总是保持一丝不苟的状态。隔了段时间没怎么联系，再见她的时候臭美了，总是戴着项链。仔细看才发现，脖子上多了一条细细的疤痕，才知道她做了手术。顺顺会自我调侃地说“我是一个奔跑着的癌症患者”，也许是生病让她更加认清了奔跑的意义，也许是奔跑让她忘了自己是个病人，无论怎样她都是我见过的真人励志典范。

第一篇　开跑前的问东问西

1. 什么人可以跑

1.1 什么人不能跑

启云：心肺功能不全者必须慎重。

Piri：最好先进行体检，如果有心血管系统疾病，或体重超重人群不建议进行跑步。

顺顺：身体检查合格的人员都可以参加跑步。

1.2 决定跑前需要体检吗

需要体检，对自己的身体进行了解。

表1　风险评估指标

是	否	
		1. 医生是否曾经指出你的心脏有问题？
		2. 医生是否曾经指出你只能做某些特定的体育运动？
		3. 过去一个月内，是否在进行体育运动时感到心口痛？
		4. 是否曾因为眩晕而失去知觉或者平衡感？
		5. 骨骼或者关节（如脊骨、膝盖或者髋关节）是否有问题？
		6. 骨骼或者关节（如脊骨、膝盖或者髋关节）存在的问题是否因为体育运动而恶化？
		7. 是否在服用降压药或者治疗心血管疾病的药物
		8. 是否有其他原因使你不能参与体育运动？

表2　心血管疾病的主要症状

是	否	
		1. 胸口疼，胸部有压迫感？
		2. 胸口的疼痛范围会延伸到颈部、肩部、手臂、下颚？
		3. 有眩晕感
		4. 夜间呼吸困难
		5. 脚踝出现水肿
		6. 夜间因为呼吸困难而心跳加速
		7. 间歇性跛行
		8. 心脏活动有杂音
		9. 休息充分的情况下仍旧感到疲劳

表3　冠心病风险评估

是	否	以下情况可以运动的，评估后运动量控制一下对身体更好
		风险因素
		1. 家族病史：父亲、兄弟或者儿子在55岁前，母亲、姐妹或者女儿在65岁前，曾经患有心肌梗死、接受冠状动脉搭桥手术、接受扩张冠状动脉、植入支架的“血管再成形术”，或者突然死亡
		2. 吸烟：未戒烟或者吸烟超过半年
		3. 高血压：收缩压超过140毫米汞柱，或者舒张压超过90毫米汞柱，或者正在服用治疗高血压的药物

续表

是	否	以下情况可以运动的，评估后运动量控制一下对身体更好
		4.高血脂：总胆固醇量超过5.2毫摩尔/升，或者低密度脂蛋白胆固醇（LDL）高于3.4毫摩尔/升，或高密度脂蛋白胆固醇（HDL）低于0.9毫摩尔/升，或者正在服用控制胆固醇的药物
		5.不良血糖值：空腹血糖超过6.1毫摩尔/升
		6.肥胖：按照亚洲人的标准，身体质量指数（BMI）超过25
		7. 久坐不动
		保护因素
		高密度脂蛋白胆固醇（HDL）高于1.6毫摩尔/升

表4　体重指数参考

	WHO标准	亚洲标准	中国标准	相关疾病发病危险性
偏瘦	＜18.5			低（但其他疾病危险性增加）
正常	18.5～24.9	18.5～22.9	18.5～23.9	平均水平
超重	≥25	≥23	≥24	
偏胖	25.0～29.9	23～24.9	24～27.9	增加
肥胖	30.0～34.9	25～29.9	≥28	中度增加
重度肥胖	35.0～39.9	≥30	—	严重增加
极重度肥胖	≥40.0			非常严重增加

最理想的体重指数是22。

表5　冠心病罹患级别

低风险：男性45岁以下，女性55岁以下，没有冠心病和眩晕等病症，只有1项或者没有任何以上风险因素
中风险：男性45岁以上，女性55岁以上，具备2项或者以上风险因素
高风险：1. 有冠心病及眩晕等病症 2. 已有心脏病、脑血管疾病、慢性阻塞性肺部疾病、哮喘、糖尿病、甲状腺疾病、肾病及肝病等
参与运动的自我评估
低风险人群：现在就可以制订一份有规律的训练计划
中风险人群：可以进行中等强度运动量的训练，如果要做剧烈运动，需要先做身体检查
高风险人群：运动前需要找医生做身体检查，遵医嘱，进行适合类型的运动

2. 怎么开始跑

2.1 什么年龄的人可以跑步

启云：不分年龄，人人可以跑。

Piri：迈开双腿就开始了，如果体能不行，可以先从快走开始，逐渐过渡到慢跑。

2.2 什么时间可以跑步

启云：夏季早晚跑步比较好，中午天气过热容易出现中暑等现象，而且早晚跑的话女士不用怕晒黑。

Piri：可以根据个人的时间安排，早上、中午、晚上其实都可以，不用纠结具体在什么时候。果断地跑起来，比纠结哪个时间段要重要。不过运动一定要在饭后1.5 ~ 2个小时才能开始。

顺顺：只要开始跑步，任何时间都是适合的时间。

2.3 什么地点可以跑步

启云：公园或田径场，比较安全。

Piri：不同的跑步场地，对身体的冲击、跑鞋的选择、训练效果都有不同影响，常见的水泥路面和柏油路面较硬，跑起来扎实而不费力，但相对身体的冲击也较大，不适合跑步新手；跑步新手可以选择路面较软的跑道，比如塑胶跑道，这样跑起来对关节和骨骼的压力较小，但就跑步的感觉来讲，和路跑比赛场地略有不同。

顺顺：对于刚刚开始跑步的人来说任何一个人员不密集、自然环境优良的区域都可以，如公园、生活小区等。但如果是跑量大的跑者，地面的软硬度对关节的冲击力度不同，应该尽量选择铺有塑胶的跑道进行训练。

关于在什么地点开始跑步，Piri有话说：

以下列出不同的跑步场地和他们的优劣势，仅供跑友们参考：

- 柏油路

优点：

（1）和路跑赛场地相同，能模拟比赛真实路感；

（2）路面的摩擦力和硬度都较高，跑起来不费力；

（3）风景或街道随时变化，路途不单调；

（4）方便、随性，每个人家门口都有这样的路面，穿上鞋出门即可开跑。

缺点：

（1）路面相对较硬，跑量太大和跑姿不良都容易累积身体压力，易疲劳；

（2）路面由于排水需求，大多侧倾，可能会影响跑姿；

（3）交通安全问题。

- 水泥地

优点：

（1）公园或人行道上常见的路面，如果绕行定点而跑，可以避开交通号志（信号灯）；

（2）路面较为平坦，少有侧倾或凹洞。

缺点：

（1）路面太硬，长时间跑下来很可能累积压力，因运动损伤导致受伤；

（2）有时需要闪避行人或者健走人群，跑起来不顺畅。

• 操场跑道

优点：

（1）软硬居中，地面不至于过硬对身体造成负担；

（2）安全；

（3）距离经过测量，方便计算里程与配速；

（4）路面平坦，无凹洞或倾斜。

缺点：

（1）大多数人习惯逆时针方向绕行，若没有反方向交替，长久下来可能会影响实战表现；

（2）和路跑的柏油路面跑感与回馈有所差异，若只在跑道上训练可能会影响实战表现；

（3）持续绕圈而跑对膝盖、髋关节、脚踝都会造成一定的压力与疲劳。

• 草地

优点：

（1）较柔软的路面，身体负担较小；

（2）较软且有变化的路况，能训练身体协调性、关节、腿部的大小肌群；

（3）若是平整、较扎实的草地，则很适合进行速度练习，对身体的冲击小，且不用像跑道一样必须持续转弯。

缺点：

（1）有些草地坑洞与起伏较多，不小心可能会造成脚踝扭伤；

（2）若下雨或路面潮湿，湿滑溅水的草地跑起来跑感不适。

- 沙地

优点：

（1）沙地松散的结构提供双腿不一样的刺激，你必须有良好的跑姿及稳定性才可在沙地上跑得轻松，因此沙地跑步可作为一般路况的交叉训练，让自己更能掌握跑步技巧；

（2）地面柔软易陷，对身体的冲击较小。

缺点：

某些沙地太过柔软，脚一触地就会陷入，若跑步技巧不良，很可能会过度利用小腿施力，反而影响跑姿；且长时间、频繁地在过软的沙地上跑步，也可能因小腿紧绷而造成足底筋膜或阿基里斯腱拉伤、发炎。

- 土径

优点：

地面踏实，软硬适中，不会过软凹陷，又不会对身体造成冲

击，是良好的天然跑道。

缺点：

（1）离市区较远，平坦且长度足够的土径较难寻找；

（2）雨后地面泥泞、湿滑，不太好跑。

- 跑步机

优点：

（1）平坦且稳定的平台，让你可以专注于跑姿，步伐或者呼吸等跑步要领，不受外界干扰更专注于练习；

（2）速度、坡度可以自由调整，在跑步机上就可以进行不同的练习么可以练间接跑、爬坡、慢跑恢复、或者配速跑，训练灵活性高，见效率；

（3）安全，不用担心机动车闯入，脚踝也不会踩到洞、坑；

（4）不必担心刮风下雨，不受任何天气影响，一年四季均可运动跑步机进行训练。

缺点：

（1）用跑步机进行跑步训练较为枯燥单调是，四周风景无变化，不过如果搭配一些音乐也许会好一些；

（2）跑步机有缓冲垫和履带后带的力量，和一般路面的跑感有所不同，双腿会缺少推蹬与支撑的训练，若你常跑跑步机，偶尔还是需要换到户外去进行实际路跑，会让跑步机的训练更为真实、全面。

- 小结

如何聪明地搭配不同的场地，让身体承受较少的冲击，又能

有良好的训练与运动效果？

前世锦赛1500m金牌得主MarcusO'Sullivan 提到：若能经常在较软的路面上跑步，你的跑步生涯必定能延续得较为长远。大多数的研究也指出在较软的草地或土径上跑步，对关节和骨骼的冲击都较小，而对于初学跑步的人群来说，这样的路面对跑姿纠正有很大帮助，如若跑姿不正确或不佳的情况下总是在水泥等硬实地面上进行跑步训练，那么对身体的冲击或者伤痛很可能会导致你打退堂鼓。

循序渐进地增加跑步距离，以较软的跑道、草地或者土径作为主要跑步场地，并配合比赛或转换心情到柏油路面上路跑，应该是较为适合初学跑者的场地搭配，如此既能减少身体的冲击，也能有良好的练习效果，等到跑龄与跑姿动作逐渐成熟，你自然会找到最适合自己的里程与场地分配。

2.4 和什么人一起跑最好？

启云：和积极向上、阳光有活力的人一起跑。

Piri：最好找一个跑步教练。

顺顺：尽管跑步是一场孤独者的旅行，但初跑者和一个有经验的跑者开始训练是百利而无一害的，因为你会获得跑步的经验和适当的鼓励。

关于“为什么要找一个跑步教练”，Piri有话说：

- 乐趣

或许你已经习惯一个人跑步，但是有位跑步教练的话，就像多了个跑步伙伴，在进步过程中总会听到鼓励的话，也能够适时给你乐趣和建议。尤其是当你想放弃的时候，会有人总不厌其烦地把你拉回跑道上，幸福感不言而喻。

- 资格

跑步教练最重要的就是资质。有相关证照的教练，更容易保障教学质量、正确性，也更有说服力。

- 目标

跑步一段时间后，每个人都期待进步。例如：我想要在某个期限内，将10公里的成绩从1小时10分提升到1小时。10分钟看似不长，但对于跑者来说，每进步1分钟都需要付出好多努力。一位跑步教练的指导与建议，或许就更让你把握诀窍，尽快达成目标。

- 督促

教练可以起到督促的作用，而且可以加强和坚定你的目标。比如教练说，请试试看在1小时2分内跑完10公里，如果只是一般朋友这样说，我们往往会直接回答：“我办不到！”但若是教练这样说，或许我们会为了不让他失望而愿意去试试看。

- 沟通

跑步教练会制订培训计划，在练习的过程中，会不停帮你排除障碍或回答疑问，给你建议和鼓励，这些都会比一个人苦熬要容易。

- 一起变强

有个伴一起跑，或者跟一群人一起跑，那种来自团队的节奏感和相互鼓励的加油声，更能激励跑者一直坚持跑下去。

- 降低运动伤害

跑步教练可以根据你的个人情况，对跑姿、肌肉训练等进行调整，以此来降低运动伤害，让你能跑得更长更远。

3. 心理状态如何调节

Piri：

第一是转移注意法。当机体出现疲劳、身体感到难受时，跑步者可以有意识地转移注意力，利用外界环境进行转移性刺激，让自己坚持下去。如果是在场地内进行训练，可以把注意力转移到呼吸节奏上，有意识地降低呼吸的频率，起到镇静情绪的作用。如果在公路上锻炼，可以把注意力转移到路边的风景上，沿途找一些有意思的事做，比如数路边的电线杆，不但能够分散注意，也是对自己坚持不懈努力的一种反馈。

3.1 如何应付一时冲动

启云：暗示自己要保持冷静。

Piri：很多跑友在开始跑步时都会想迅速提高自己的速度和成绩，一味进行高强度训练，其实这种想法和做法都是不对的，也比较容易造成身体的疲劳和损伤，建议从慢速开始，循序渐进，不要太看重强度，逐渐增加跑步的时间和强度，每周增加的跑量建议不超过上一周跑量的10%。

顺顺：不断强化自己的内心，询问自己的内在需求，缩小原本的训练目标，设置一个较为容易达成的目标，鼓励自己完成。

3.2 怎么坚持跑下去？

启云：想各种接下来要去做的事情，告诉自己要坚持跑下去。

Piri：将一个训练循环划分成几个不同的阶段，循序渐进。

顺顺：报一个不算太长的比赛，比如5公里，给自己4周的时间去实现这个目标，并获得一枚奖牌。

3.3 如何将训练计划分成不同阶段？

Piri：假设，以16 ～ 20周为一阶段，每阶段设立一个主要训练目标，不需要同时进行多种训练。结合各阶段不同训练的优点，相互加乘以达巅峰，减少因为疲劳、伤病而造成的停滞。绝大部分专业跑者都使用阶段训练计划，其分期、类型、长度都可以进行多种变化，但都包含基础期、预备期和持续4 ～ 8周的巅峰期，每一期都建立在前一期训练的基础上。

基础期注重发展耐力，耐力训练是所有长跑训练计划的基石。第

二阶段预备期，引进节奏跑和长间歇跑，以提高自己的速度。这些练习可以帮助你强化肌肉、韧带和结缔组织，让身体准备好迎接后面的训练。第三个阶段巅峰期以模拟比赛短距离、速度快的训练为主，由此更好、更多地募集快缩肌，巩固第二阶段训练收效的速度优势，提升跑步经济性，并且再次增强肌肉与结缔组织。

在日历上标注出比赛日期，并且运用下面的分期原则，配合你喜爱的训练计划，安排基础期、预备期和巅峰期，使比赛时身体可以顺利达到巅峰状态。每一阶段大约持续4 ~ 8周，若有需要，可将前两期时间延长，但巅峰期不可，否则将面临体力耗尽的危机。应每隔4周降低10% ~ 50%的练习距离，或缓和肌力训练让身体休息复原。巅峰过后，只要准备好，随时可以再从基础期开始，依循此法不断重复练习。

3.4 鼓励自己的小方法

Piri：制订一份可以坚持下来的计划。

顺顺：报比赛、参加跑团、找到一个志同道合的朋友、找一个教练。

下面我们来给你制订一份可以坚持下来的计划：

第一阶段：基础期

10%速度训练+15%肌力训练

此阶段强调轻松跑，但别把它和一般健身慢跑搞混，这是让你透过逐渐加长跑步距离和增加速度与肌力训练来建立基础的训

练阶段。

重点练习：

耐力：长跑训练可以提高你跑步的效率。制定训练系计划为：8至16公里。

配速：能够一边跑一边轻松谈话的速度即可。

速度训练：跨步、迷你节奏跑。在结束一或两次轻松跑后，做8～10下的20～30秒的冲刺。这个阶段的最后几周，可以尝试在其中一次练习跑中加进10～15分钟的、比半马配速慢一些的快跑，这么做的目的是使自己能够适应下一阶段提升速度的练习。

肌力：一周进行2～3次的重量训练，着重加强跑步肌肉群的运动，比如胭绳肌、股四头肌、小腿肌、臀部肌群等。

第二阶段：预备期

60%耐力训练+15%速度训练+25%肌力训练

进入预备期的训练意味着加强身体能力以面对即将到来的快跑。这一阶段的练习中，还需要继续通过长距离跑建立耐力，但一些轻松跑的环节需要由节奏跑或山坡间歇跑来替代。

重点练习：

耐力：长跑训练。视比赛距离，提升长跑练习的距离至10～24公里，持续建立或维持耐力

配速：半马配速或稍微快一点的速度，或是10级运动自觉量表7、8左右的强度。可以用10公里配速进行长距离重复跑，与节奏跑交替，帮助身体为快跑作准备。

速度训练：节奏跑或长距离重复跑。节奏跑训练的是身体系统利用乳酸的能力，通过节奏跑的训练，可以避免让堆积的乳酸增加身体负荷，并且拓展你的肌肉耐力、强化结缔组织。

肌力：山坡训练。可以说，山坡对跑者而言，是目前最棒的肌力训练场所。因为坡地对跑步十分有效，且施加肌肉的力量等同于重量训练。努力地跑，但不要耗尽全部力气，就可以达成训练目标。进行此阶段训练的同时，可以减少去健身房的次数，比如改为1周1次，或仅锻炼上半身。

第三阶段：巅峰期

40%耐力训练+50%速度训练+10%肌力训练

在此阶段只有一个目标：速度。逐步提高你的训练强度，但同时要降低10%总训练量（公里/小时）。

重点练习：

耐力：长跑训练。视比赛目标，用较前期稍短的长距离跑维持耐力。假设，前期提升距离至14英里，此时便跑10英里即可。随着比赛日接近，逐渐缩短。速度：一周两次的速度训练时间主宰本阶段，此外，也可以选择较短程的比赛当做热身。第一个速度训练以短、快的间歇为主，例如5K配速的400公尺、800公尺间歇跑。而第二个则以节奏跑和长距离重复跑为主。肌力：每三周用一个山坡练习取代一次速度训练时间以保持肌力。你可以继续一周一次肌力训练，维持同样的重量和练习量；或者，暂且搁置直到比赛结束。

4. 走路好还是跑步好

启云：体重较大的跑者开始先走步比较好，结合小负荷的力量练习，等体重稍微轻一些或者肌肉力量强一些再进行慢跑，等适应后可以进行匀加速跑等。

Piri：行走和跑步是美国成年人中最受欢迎的两项体育活动。但哪一项运动更有利于健康，是人们长期讨论的一个话题。

（1）快走：步行运动能轻松地展开，即使平时运动不足的人也很容易接受。快步走除了可以强筋健骨、健脑益智、提高工作效率、增进胃肠蠕动改善食欲、防治便秘外，还能增强心肺功能、改善血脂，对心脑血管病具有较好的防治作用。

（2）慢跑：能增强血液循环，改善心功能；改善脑的血液供应和脑细胞的氧供应，使大脑能高效的工作。一天如果有1 ~ 2个小时到室外呼吸新鲜空气，其中抽出40分钟左右进行慢跑，不仅会少染疾病，体质也会增强，精力也会日益充沛起来。

哪些人最好选择快走而不是慢跑呢?

跑步属于剧烈运动，对老年人并不适宜，尤其是中老年心血管病患者，跑步对身体所造成的负担，比走路时大，对于很少运动的人，贸然跑步，膝关节肌腱等很容易受伤；对于心脏、肾脏、肝脏等器官或新陈代谢系统有问题者，也造成大量血液与氧气的耗费。剧烈的运动还容易诱发心肌梗死、心绞痛等。

行走还是跑步，可以根据自身爱好而选择。

4.1 跑不动怎么办

启云：看身体状况，要了解自己的身体，确实不能坚持，应该慢走调整，不能马上停下来，更不能蹲下来或者坐下来休息，等身体基本平缓可以坐下来休息一会儿，然后继续，训练的话，循序渐进，不能着急。

顺顺：如果已经跑了一段距离而出现疲劳却还没有达到自己的训练目标，那就应该采用快步走的方法，继续前进。

4.2 如果走，需要什么节奏

启云：一般快走比较好，每公里7分左右比较理想。

Piri：参加运动的人在运动健身过程中，应该时刻牢记运动的四个基本要素：运动强度、时间、频次和进度，对自身健康状况和生理功能变化作连续观察并定期记录，进而据此评价锻炼效果，调整锻炼计划，防止过度疲劳和运动性损伤。

运动强度太小达不到锻炼目的，运动强度太大容易造成伤害，而不同的人对不同运动项目的适应强度也不一样。对于跑步运动来说，跑速就是运动强度，由于每个人体质不同，所能承受的运动强度也就不同。因此，在跑速的选择上就要量力而行。选择最佳运动强度的方法很多，其中一种简单确定运动强度的方法是——“靶心率”判定法。

一般把达到最大运动强度时的心率称为“最大心率”，此时，心脏

跑在路上，匀加速

功能的发挥已经达到了极限。而当人体完成最大做功的60% ~ 80%时的心率，则被称为“靶心率”或“运动中的适宜心率”，目前国际上流行的办法是采用公式来推算靶心率，具体方法如下。

对于大多数没有明显疾病的人来说，可以把最大心率的60% ~ 80%确定为靶心率范围，即靶心率=（220–年龄）×60%（或者80%）。如年龄为40岁的健康成人，其最大运动心率为：220–40=180次/分。

适宜运动心率，下限：180×60%=108次/分，上限：180×80%=144次/分。即该成年人日常锻炼时的靶心率范围为108 ~ 144次/分。40 ~ 49岁、50 ~ 59岁、60 ~ 69岁的最大心率分别是178次/分、167次/分、164次/分，对于跑步运动来讲，选择最大心率的60%作为运动的目标心率比较合适，40 ~ 49岁、50 ~ 59岁、60 ~ 69岁分别是107次/分、100次/分、98次/分。

但是，对于年龄在50岁以上并伴有不同程度慢性病的老年人来说，靶心率为“170 –年龄”，甚至更低一些。也就是说，要降低运动强度，避免锻炼对心脏造成过重的负担，以防出现危险，或加重病情，甚至引发严重心血管事件。

5. 跑步能减肥吗

启云：科学跑步，合理饮食肯定减肥。

5.1 会不会跑出肌肉疙瘩

启云：科学跑步肯定不会，如果经常跑步，不做拉伸等调整肌肉会僵硬，弹性也减小，但不至于变成肌肉疙瘩。

Piri：跑步过后要注意拉伸，跑步会让你身体的肌肉线条更加漂亮。

顺顺：观察专业跑者的体形可以发现，他们肌肉线条是细长型，且都身材纤细、强壮但不粗壮。

5.2 小腿会变粗吗

启云：不会啊，跑步结合拉伸，只能越来越漂亮。

Piri：

（1）跑前做好热身，尽可能充分伸展腿部肌肉，时间在5分钟左右。

（2）尽量匀速跑，速度放慢，避免出现短时间快速增加腿部爆发力的跑动。一般跑步尽可能维持在30 ~ 50分钟，每分钟心率则维持在120 ~ 170次。

（3）跑步结束后，针对腿部进行5 ~ 20分钟的静态拉伸，可以令腿部僵硬的肌肉舒展，达到瘦腿塑形的目的，防止出现粗壮的“大象腿”。此外，还可以握拳锤打或用手指顺拉小腿肌肉，消除跑步后的乳酸堆积。

5.3 跑了一段没瘦，什么原因？

启云：多种因素，跑步一定要结合饮食和作息习惯调整等，虽然有的时候看上去没瘦，但是体质肯定会有很大的变化。

Piri：

原因一：跑步后吃了什么？

燃烧大量卡路里后会产生饥饿感，但要谨慎面对这种感觉。选择垃圾食物来填补饥饿感没过多久又会感到饥饿。跑步后的进食要确保食物的营养，热量不可太高。如果在正餐之前运动，跑步后可以适当进食。

原因二：卡路里消耗不足

跑步之后，觉得已经消耗掉至少500千卡，但其实68公斤的女生、慢跑45分钟，总消耗495千卡，如果你没有跑得比这个数字更久或者更快，每次跑步所消耗的热量就并未达标。最好的方式就是随时检测自己的运动状态，可以搭配手机APP进行追踪。

原因三：每次跑步路线都相同

如果你习惯相同的跑步方式和路线，身体会养成固定模式，这种惯性会进入减肥滞留期。而混合跑步运动便可解决这类问题，在速度、高度、步调上做调整，甚至是场地的改变都可以让身体持续保持强化和运动状态，加速新陈代谢。

原因四：只在乎体重秤上的数字

跑步是雕塑下半身最好的运动之一，因为在燃烧脂肪的同时可以重组肌肉。肌肉组织比脂肪组织更紧密，尽管在称体重时并未发现减

掉多少斤，但是腰围、臀围、胸部大小却会有明显的改善，照样可以从外形上达到视觉瘦身的效果。

原因五：跑步的动作

脚跟落地，这是跑步减肥最主要的技巧，可以避免小腿变粗。很多女性跑者跑步时会以前脚掌落地，觉得这样跑起来轻松不费劲，但是对于小腿粗壮的跑者们就不适宜了。正确避免小腿变粗的方法是脚跟落地，接着全脚掌触地慢跑。

运动完后要进行拉伸，这样可以塑造小腿腿形。站到离墙一臂宽的位置，用手扶墙支撑，身体与墙面成30度角。坚持5分钟，感受小腿的肌肉被无限拉伸，可以根据自己的柔韧性来调节。

原因六：跑步前没有热身

热身运动可以避免开始运动后出现肌肉拉伤等问题。尤其是在跑步前，对腿部的拉伸尤为重要。只有在预热充分、拉伸到位的情况下，小腿才能以最佳状态投入“减肥大作战”。

原因七：跑得太快

跑步可以通过减少体内脂肪，加速脂肪燃烧而达到减肥的目的，而通过有氧运动燃烧脂肪，一定要通过慢跑的方式来实现。如果是剧烈的快速跑不仅不能燃烧脂肪，反而会加速体内糖原的消耗，引起运动性低血糖以及运动能力降低等。

以减肥为目的的跑步，时间不应少于20分钟，速度要慢些，以保持均匀呼吸。20分钟的慢速长跑不但能大量耗尽体内的糖原，而且要动用体内的脂肪。且由于慢速长跑不很剧烈，不会使机体过分缺氧，故有助于脂肪的消耗，从而达到减肥的目的。

顺顺：跑的累计时间不够（没有达到每次30分钟以上），或食物的摄入量过大（像我这样）。

6. 跑步机跑、原地跑和路上跑的区别

6.1 跑步机跑、原地跑和路上跑能相互替代吗

启云：不能代替。

Piri：如果天气不好的话，可以选择跑步机代替。

6.2 跑步机跑、原地跑和路上跑哪个方法更好

启云：节奏跑，间歇跑的话，在运动场地比较好，长距离跑步可以选择公园等场所，空气实在不好的情况下可选择跑步机。

Piri：可以根据自己的情况进行选择，没有最好的只有最适合自己的。

背部肌肉训练：扫一扫，就知道。

背部肌肉训练

第二篇　决定开跑这些细节你得知道

 1. 想要去跑该准备什么 

1.1 生理

Piri：需要进行与跑步相关的肌肉核心训练及辅助训练。

顺顺：确认身体在风险评估中处于低风险就可以开始跑步之旅。

1.2 心理

Piri：建议制订一个能够实现的跑步目标，有计划地去实施，最关键的是不要轻言放弃。在我看来跑步的真谛不是快，而是坚持。

顺顺：准备好开始自己的运动之旅，并有一个切实可执行的计划做保障。

1.3 装备

Piri：加入步态分析和脚型测试内容。

顺顺：一双合适的跑鞋和散热良好的衣物。

1.4 常识

Piri：跑步爱好者最好掌握一些运动生理学的知识，比如：跑步后，要给肌肉休息的时间，从而便于肌肉恢复和增长，如果每天都练到筋疲力尽，反而容易造成肌肉的损伤。建议在长跑中夹杂一些短跑或者其他比较轻松的锻炼方式。

顺顺：身体检查合格的人都可以参加跑步运动。

1.5 客观的身体评估

启云：慢跑不会出现任何不适。不是超重，直接就可以跑步，太胖的话建议先游泳、骑车等，恢复一些体能，加强关节等力量再去跑步。

（1）BMI

BMI=体重（kg）÷ 身高^2（m）

成人的BMI数值：

过轻：低于18.5

正常：18.5 ~ 23.9

过重：24 ~ 27

肥胖：28 ~ 32

非常肥胖：高于32

（2）心肺功能：测量静态心率、测量血压、进行2.4km走路、慢跑、跑步测试。

（3）肌肉力量及持久力：2.4km走路、慢跑、跑步的测试也可以帮助你了解自身的基本肌耐力。另外可以做35m快速来回跑6次，帮助自身了解基本速度和肌力。

（4）关节柔软度：下肢肌肉骨骼受伤是长跑中常见的损伤，测量大腿后侧肌肉（腘绳肌）、腓肠肌和比目鱼肌的柔软度，跑手髌骨的Q角度及脚形（正常、扁平足、高足弓形）。测量以上4项，对预防受伤很重要。

2. 训练计划的安排

2.1 自己一个人的时候训练计划怎么安排？

启云：按目标完成或随意完成。

Piri：制订一个自己能够实现的跑步计划和时间表，或者用手机下载一个跑步的软件，帮助自己制订计划，记录每次跑步的完成情况。

跑在路上，匀加速

2.2 有同伴的时候训练计划怎么安排

启云：达成一致完成目标，交流经验，互相鼓励。

Piri：最好找一名和自己水平相当的小伙伴，跑步过程中还可以相互交流心得，训练效果也会更好。

2.3 什么时候需要请教专业人士

启云：初跑者在开跑前找专业教练指导比较好。

Piri：往往跑步一段时间后，容易出现瓶颈期，感觉体能和训练效果提升都在变慢，这时可以请教专业的跑步人士，帮助自己更好的训练。

2.4 请教专业人士的途径

启云：面授（比较直观），网授。

3. 不同条件下的跑要注意什么

3.1 水泥路跑要注意什么

启云：选择缓震好一些的鞋子，一定要注意跑姿，脚落地时尽可能要轻，以防落地太沉脚底板或脚踝、膝盖受伤。

顺顺：水泥路和柏油马路都属于硬质路面，对于膝关节的冲击力度比较大，不建议长时间在这种路面上训练，但水泥路和柏油马路的好处是接近城市马拉松的比赛赛道，没有坑洼，不容易出现跌倒、崴脚等意外伤害。

3.2 柏油路跑要注意什么

启云：同样，路面也比较硬，而且有可能（有水很滑，天热沥青粘脚），需注意跑姿。

顺顺：水泥路和柏油马路都属于硬质路面，对于膝关节的冲击力度比较大，不建议长时间在这种路面上训练，但好处是接近城市马拉松的比赛赛道，没有坑洼，不容易出现跌倒、崴脚等意外伤害。

3.3 山间小路跑要注意什么

启云：小路坑坑洼洼容易崴脚，不同天气路面情况差异也比较大，尽可能选择跟脚的、包裹性好的鞋子。

顺顺：山间小路空气清新、风景优美易于分散跑者的疲劳感，不利的方面是路面环境不好推测，跑者需要时刻注意跑步环境，避免受伤。

3.4 操场跑要注意什么

Piri：快步走和跑步，双腿着地时垂直方向的反作用力会不同。

赤脚、穿跑鞋、跑鞋的柔软程度等，都不会直接影响着地时垂直方向的反作用力。沥青路面、增加橡胶弹性的沥青路面、纤维物料跑道等，都不会直接影响着地时垂直方向的反作用力。当脚着地前的一刻，下肢肌肉群会预先启动本能调节，减小着地时受到的震荡。锻炼下肢力量能发挥自然减震作用。

4. 跑步的时候可以做什么

启云：专心跑步，注意跑步技术，路面较安全的话可以想想一天的工作或者愉快的事情，也可以想想即将要做的工作等。

4.1 跑的时候可不可以说话

启云：跑步当中尽可能少说话，说话容易岔气，也会消耗一些体能。

Piri：许多人喜欢和朋友一起跑步，觉得运动中和朋友有说有笑，枯燥的时间过得更快。然而事实是，具体问题需要具体分析，有些场景下跑步，最好还是不要说话。

跑步时说话的坏处：

（1）跑步要保持一个平稳的呼吸频率，而交谈则会打乱呼吸节奏，影响锻炼效果。

（2）聊天会导致分心，跑步时走神的话很有可能导致运动伤害。

（3）如果是大风或冬季在户外跑步，说话容易呛到引起咳嗽。

（4）在交叉训练中，力量训练要消耗大量的体力，需要利用短暂的休息来恢复体能，聊天往往会拉长休息时间，造成肌肉兴奋度下降，温度降低，使训练效果大打折扣。

跑步时聊天的好处：

（1）边跑边聊天，说明目前慢跑的强度刚刚好，不会气喘吁吁，也不会太累。

（2）聊天能够让跑步不太枯燥，同时可以结交新的朋友。

（3）边跑边聊有助于精神愉悦，促进大脑思维更加活跃，延缓脑部衰老。

（4）当遇到不顺心的事情，边跑边和朋友聊聊天，可以消解一时的不愉快，摆脱激动、愤怒、委屈、忧郁、疑虑等情绪。

跑步时在什么配速下聊天合适：

轻松跑的状态是指边跑边正常说话，不会气喘。在这个配速下，感觉很舒适，如果用心率来衡量，大致在最大心率的65% ~ 70%范围内。心率数值也因人而异，有些跑者担心跑步时一旦说话就有可能扰乱呼吸，其实不需要考虑那么多，关键是你觉得开心舒适。

顺顺：慢跑是可以说话的，以自己能够承受为度。

4.2 跑的时候可不可以喝水？

启云：严格来说只要运动20分钟左右或2公里以上就应该喝水，尽可能不喝纯净水，天气炎热时更不能喝纯净水，纯净水随着汗水流失，会同时带走身体电解质等物质，反而越喝越渴，运动中可补充蜂蜜水，运动饮料等。

Piri：跑步中喝水分很多种情况。

（1）跑步中喝水：

如果跑速比较快，建议尽量不要中途喝水。可以提前喝一点水后，再跑步。跑动中可以将水淋在身体上，给身体降温，减少水分的流失。因为这个时候肺活量比较大，呼吸深度和速度都非常快，如果这个时候喝水容易吸到肺中。而且水分的流失会带走大量的盐，容易给心脏造成负担。

（2）跑步结束喝水：

跑步结束后不要马上喝水，等到身体稳定下来之后，再适当的喝水。如果跑完马上喝水的话，对身体有影响，尤其是心脏。还有就是不要喝太凉的水，跑完步身体非常热，喝凉水会对身体造成刺激，引起不适，甚至疼痛。

（3）长距离跑步前的补水：

长距离跑步在跑步前需要补充水分，保证在跑步过程中可以尽量少饮水。跑步前也不能喝得太多，如果喝得太多容易造成憋

尿，也会影响到身体的健康。

（4）长距离跑途中喝水：

长距离跑需要随身携带一瓶电解质类型的水，以便随时补充。长距离跑经常会受到距离和天气等因素的影响，水分和盐的流失非常的严重，对心脏造成较大负担。如果这时候喝纯净水，无异于火上浇油。正确的做法是适当补充电解质，缓解身体的不适。

（5）短距离或低强度跑步结束时喝水：

短距离或低强度跑步结束后不要大量饮水，建议小口慢慢喝，跑完歇一会儿再喝最好。如果大量饮水，尤其是纯净水，还有可能出现水中毒现象。因为跑步过程中盐分流失较多，补充纯净水又进一步稀释，不利于身体健康。

（6）短距离或强度低的跑步中喝水：

短距离或低强度跑步中需要适度饮水，切记不要大口喝，一定要小口抿，每隔一小会儿喝一小口，慢慢补充流失的水分，缓解身体不适。如果太阳比较充足的话，建议向身体洒水会比较好。喝水的话也是最好喝电解质类型的水。

顺顺：跑步时进行适当的补水是必要的。

4.3 跑的时候能不能停下来，歇会儿再跑？

启云：歇会儿再跑完全可以，但是不能急停，比赛中更不能

不考虑后面的人任意急停，应慢跑到道路两侧，逐渐停下来。

Piri：当然可以，但注意停下来以后不要马上坐下，建议走一走再坐下休息。

顺顺：跑步时可以停下来快走，调整呼吸后继续跑起来。

跑在路上，匀加速

手臂肌肉训练：扫一扫，就知道。

手臂肌肉训练

第三篇 跑在路上我们一起匀加速

1. 新手开跑各种不适应

1.1 跑完睡不着怎么办

启云：跑步结束后应休息半小时以上，洗澡后迅速睡觉。跑步后处于兴奋状态，马上睡觉反而会导致失眠，一旦失眠，可以先起来喝水、喝牛奶，静静心。一般来说失眠的原因有多种，常见的是想得过多，运动兴奋过度（过度疲劳或运动后马上睡觉）等，出现类似情况，应调整训练强度或训练时间。

Piri：首先晚上运动的时间不宜离入睡时间太近，离入睡时间近的话运动强度不能过大，否则身体过于兴奋则难以入睡。最好建立规律的作息时间，制订一套完整的训练计划。良好的生活习惯也是必须注意的：

（1）睡前不要摄取超量的食物和咖啡因。

咖啡、茶和酒都不宜睡前饮用，咖啡和茶都有提神作用，减短深度睡眠时间；酒精虽然能加快入睡，也可以加深睡眠深度，但是容易使人在睡觉过程中惊醒。睡前喝一杯牛奶或酸奶是可以的。

（2）神奇的褪黑激素。

褪黑激素（也称褪黑素）是人脑部深处“松果体”分泌的一种胺类激素，也称“松果体素”。褪黑素是迄今发现的最强的内源性自由基清除剂，是一种诱导自然睡眠的体内激素，其分泌是有昼夜节律的。夜晚光的刺激减弱，松果体合成褪黑素的酶类活性增强，体内褪黑素的分泌水平也相应增高，在凌晨2～3点达到高峰。夜间褪黑素水平的高低直接影响到睡眠的质量，在睡前食用一些帮助提高褪黑素水平的食物，如菠萝、香蕉、亚麻籽、奶酪、酸奶、牛奶等，可以帮助我们拥有一个更好、更高质量的睡眠。

（3）睡前不宜使用手机。

晚上睡觉的时候不宜使用手机、ipad等电子设备。首先这些电子设备具有一定的辐射，长期作用下可能会导致免疫力下降、易疲劳；其次会影响视力，又会造成睡眠不足；此外，躺床上看手机容易导致皮肤暗哑无光泽，躺着的姿势也容易造成颈椎疾病。

（4）热水澡和放松练习。

体温下降，睡意也会随之而来。可以用洗澡来加强这一效

果，洗完澡后躺在床上，等待身体的温度慢慢降下来，逐渐入睡。反之，早上起床的时候适合用相对凉一点的水洗脸、洗澡，有助于清醒头脑。

按照从头到脚的顺序，依次放松身体的各个部位，可以做几个瑜伽动作，注意与呼吸的节奏保持一致。连续15分钟，注意力集中在动作和呼吸上，有助于忘掉乱七八糟的事情，更快地入睡和保持更深度的睡眠。

顺顺：很可能是跑完距离睡觉的时间太近了。

1.2 跑完浑身疼怎么办

启云：每次训练结束前积极拉伸，刚开始跑的时候浑身疼痛不适属于正常现象，只要坚持继续运动几天，疼痛就会消失。

Piri：开始时进行跑步运动，出现身体酸痛是很正常的，说明体内出现了乳酸堆积，可以适当做一些有助“排酸”的低强度活动，促进身体恢复。

顺顺：跑后充分的拉伸很重要。

1.3 跑完喘不上来气怎么办

启云：应积极调整呼吸，不是一味的吸气，而是尽可能往外吐气，吐完废气自然就会有氧气进入。

Piri：可能遇到了“极点”，可以适当降低运动强度，调整呼吸。

顺顺：放慢速度即可，或跑走结合。

1.4 跑完咳嗽怎么办

启云：不是生病干咳也要找原因，喝过凉的饮品也会导致咳嗽，如果生病了应积极治疗。

Piri：如果是生病引起的咳嗽，建议休息。

顺顺：咳嗽时应停止跑步，转为快走。

1.5 开始跑步小腹痛怎么办

启云：

Piri：

在跑步初期，通常会有腹部疼痛的感觉，俗称“岔气”。大多数跑者都碰到过这一状况，不得不停下脚步改跑为走，直到疼痛消失。

岔气的本质就是身体从静止状态突然进入到运动状态，肌肉变得紧张，突然需要大量氧气，而肺脏不能如肌肉那样迅速提高吸气量，以满足肌肉活动时所需要的氧气，于是在交感神经的作用下促使膈肌（膈肌是主要的呼吸肌，位于胸腔和腹腔之间）骤然做功加大，导致膈肌收缩不协调，从而产生膈肌僵硬等现象，就会有疼痛产生。另外呼吸不得要领也是引起岔气的原因之一。只是加快呼吸频率，而呼吸较浅，也能引起呼吸肌的紧张并导致痉挛。岔气的成因是呼吸肌痉挛，解决的办法是：减速，调节呼吸节奏，缓慢深呼吸，同时用手按摩疼痛部位。

如何预防岔气？在跑步前一定要做热身运动，一些缓和的运动或小步跑等动作，适当提高心率，让呼吸肌逐渐适应正在进入的运动状态。开始跑步时速度要慢，慢慢提高到正常的速度，不要一下子加速。

顺顺：横膈膜痉挛，深呼吸，调整步频，规律呼吸，就会缓解。

1.6 每次跑步前几分钟都特别难受怎么办？

启云：热身不充分，身体处于懒惰状态，教练应带动大家积极热身，激活身体各个部位的机能，进入最佳状态，如此一来也不会轻易受伤。

Piri：参照极点的内容处理。

顺顺：热身不够。

2. 怎么保护膝关节

2.1 跑步需要护具吗？

启云：平时训练中尽可能不要保护，应该加强容易受伤部位的锻炼，如果非要参加比赛而且膝关节又不是很好的情况下，赛前就要好好处理膝关节的包扎等。

Piri：一般来讲不用护具，但是要注意培养良好的运动习惯：掌握正确的运动姿势；适当运动，包括选择适合自己的运动强度和运

动量，不盲目跟风，如有不适立刻停止运动；选择较好的天气和较好的场地进行运动；跑步之前做好充分的准备活动；加强膝关节周围的肌肉力量，增强膝关节稳定性。

顺顺：没有出现伤病的情况，不推荐使用护具。

2.2 跑步需要挑什么样的护具？

启云：不同天气，临时性的可选择保暖透气的护膝、髌骨带、弹力绷带等。

关于保护膝关节的护具，解犁有话说：

常见的膝盖护具包括髌骨带和护膝。

• 髌骨带及其使用方法

在许多的专业比赛中，如篮排球，网球等，经常可以看到运动员的髌骨下缘系着约一指宽的带子，称为髌骨带。市面上的髌骨带很多，其主要作用就是帮助髌腱承担运动时的冲击力，限制髌骨在剧烈运动中随髌韧带来回摩擦，保护膝关节。

（1）髌骨带的适宜使用人群：

① 肌肉力量下降，却仍需运动的老年人（如患糖尿病，高血压的老年人）。

② 损伤后需保持训练的运动员（如罹患跳跃膝的运动员等）。

（2）髌骨带的不适宜使用人群：

新手跑者或跑步时膝关节会疼的人不建议使用，因为疼痛发

生的根本原因是跑者本身膝关节周围的肌肉力量不足，导致韧带承担过大的负荷。髌骨带的作用原理是帮助髌韧带分担运动时的受力，同时把髌骨稳定在一定范围内，避免其过度摩擦，也就是说使用髌骨带容易导致机体过度依赖辅助作用而使本来就力量不足的肌群变得更弱。用久了你会发现，只要摘下髌骨带，跑步时膝关节就会疼。

• 护膝及其使用方法

护膝是用于保护膝关节的护具，主要有两种：一体式护膝和开洞式护膝，作用大抵相似。

（1）限制膝关节过度活动

运动中很多不当的技术动作都容易造成膝关节损伤，护膝的贴合作用使得膝关节在运动过程中得以稳固，并且包裹股四头肌下端，限制膝过伸；开洞式护膝的限制作用更强，使膝关节屈伸幅度大大缩小，其良好的加压效果能有效分散膝部承受的压力，降低运动损伤风险。

（2）缓冲膝关节的外力碰撞和防止擦伤

护膝具有一定的厚度和弹性，在运动中能缓冲碰撞到硬物时的冲击力，保护膝关节。

（3）保暖

尤其在阴冷天气下运动时，因为膝关节缺少肌肉和脂肪组织的保护，所以得不到足够的热量供应，容易受凉。膝关节受凉同包括关节炎在内的许多疾病有相关关系。护膝可以有效保暖，防

止膝关节受凉。

（4）适宜使用的人群：

① 需要膝关节轻微制动的人群（用于日常的运动防护）：

这种情况建议使用一体式护膝，因为这种护膝限制膝关节运动作用较小，可以起到保护作用而不至于过度依赖护膝承担力量，比起髌骨带，更适合在跑步中使用。但是需要在购买时注意选择适合自己的型号并充分考虑透气性能。买大了起不到任何作用，买小了又会影响膝关节周围的血液循环。

② 需要保暖的跑友可以购买一体式护膝，或者加绒一体式护膝。

③ 需要膝关节强力制动的人群（用于损伤愈合的修复期）：

这种情况使用比较厚实的，前面有一个大孔能露出膝关节的，一般是捆绑式的，再用粘扣固定的开洞式护膝。这种护膝绑紧后可以让膝关节不能轻易弯曲，大腿小腿始终与膝关节保持在一条直线上，适合用于膝关节受伤之后的“重度制动”。

2.3 如果已经受伤了，还能跑吗？

启云：已经受伤了，要确定受伤程度，确实不能跑步的可以加强上肢训练，心肺保持一定负荷比较好。

Piri：如果已经受伤了，就不要坚持，好好休息，毕竟跑步的日子还很长。

顺顺：视受伤的程度和部位而定。

3. 跑步的数量

3.1 每天都要跑吗

启云：减脂期间或者距离短的话可以每天，跑量增加到比较多时可以跑一天休一天，休息的一天可以安排体能、柔软、力量、速度等训练。

Piri：对于初级跑友，不用每天都跑。

顺顺：不需要每天跑，对于初跑的人推荐跑一天休一天。

3.2 每周跑几次

启云：保持3次比较理想。

Piri：对于普通跑友，没有必要每天都跑步。如果希望通过足够的跑量来取得进步，每周至少跑3次，同时保证高效。比如选择抗乳酸跑，提高乳酸耐受能力；速度训练，提升最快速度；长距离跑，提高有氧耐力。在不跑步的那一天，可以选择游泳、瑜伽、举重或者其他交叉训练。

选择每周只跑3次的最主要原因是为了最小化受伤风险。跑步有一定的受伤风险，受伤概率会随跑量的增加而增加。很多跑友没法做到每天跑步而不受伤，那么就可以选择每周跑3～4次，其他时间安排交叉训练。

顺顺：3～4天即可。

ULTRA-TRAIL WORLD TOUR
Columbia
CHAMONIX
2911
UTMB
2911
2911

UTMB
2911
Guo

3.3 每次跑多久

启云：因人而异，确定不同距离，还有周期训练制订等。

Piri：不管是初跑、健康跑还是马拉松备赛，很多跑友都会有这样的困惑，每周跑几次或者多久跑一次最好？这是跑步的三大基础问题之一，其他两个分别是跑多快（训练强度）和跑多久（训练时间）。

其实，这些问题都没有标准答案。每位跑友的跑步目的、生活作息和跑步经验都不一样，有的跑友希望减肥，有的跑友想要健康，有的跑友追求成绩，目的都不尽相同。

（1）成年人最少活动量。

成年人每周应该进行至少150分钟（2小时30分钟）中等强度，或75分钟（1小时15分钟）高强度的体力活动。因此，对于成年跑友来说，每周最少跑3次，每次平均至少25分钟。

（2）最少活动量与最佳活动量。

运动越多，健康收益越大，也就是说，在一定范围内增加跑量，能获得的健康收益更大。每周进行大约5小时中等强度活动，或者2.5小时的高强度身体活动，更能提升健康水平。因此，最少活动量与最佳活动量之间是1～2的关系。

顺顺：初跑者从15分钟开始，逐渐延长。

3.4 怎么延长跑的时间和距离

启云：循序渐进，逐渐加量，不可过于追求跑量。

Piri：循序渐进。

顺顺：循序渐进，每周总跑量以10%的速度递增。

4. 如何改掉坏习惯

4.1 跑步时都有什么常见的坏习惯

启云：不注重跑姿，饭后马上跑步，酒后跑步，休息不好的情况下跑步，跑步中不补水，公路上跑步戴耳机，不注重鞋子和服装等。

顺顺：跑步时跳跃、手肘摆动不合理。

4.2 跑步时呼吸有什么技巧

启云：平稳呼吸，口鼻并用。

Piri：呼吸自然放松，一切以放松为前提。跑步时暂时不要想着“三步一吸，两步一吸”等口诀。“气以直养而无害，劲以屈蓄而有余”，先自然呼吸，运动能力提高了自然能找到自己适合的呼吸节奏。

4.3 怎么克服跑步时的坏习惯

启云：定一个可行的目标，找小伙伴监督，或拉几个小伙伴一起订个小目标。

Piri：跑的过程中有一些常见的坏习惯，在克服的时候需要对症下药：

（1）跑得太多太快。

如果你刚好是伤愈归来，那么跑步时就需要循序渐进，按照标准规则逐渐增加跑步距离，每周最多增加10%的距离。

（2）补充营养错误。

在经历一次艰难的跑步之后，需要摄取高碳水化合物和蛋白质的食品，以修复肌肉。

（3）忘记防晒措施。

每天在太阳下晒20分钟对身体是有好处的，但是在长距离跑步中即使是阴天也需要涂抹防晒霜，否则会伤害皮肤。

（4）忽视核心训练。

跑步者每周做4次核心训练，连续6周，可以提高跑速。

（5）比赛起跑过快。

起跑时耐心一点，不要在比赛一开始就冲刺，按照既定配速执行即可。

（6）自己治疗。

运动中经常会受伤，很多人面对小伤总是自己采取一些措施，冰敷或者喷镇痛剂。实际上，这可能会让小伤变得严重。应尽早去看医生，如果疼痛持续3天以上，必须要好好治疗一下。

（7）忽略拉伸。

在跑步之前是可以不需要做拉伸运动的，但在赛前放松肌肉

可以降低受伤的风险。

（8）睡眠不足。

如果睡眠很少，对跑步之后的恢复、免疫力以及精神方面都会有坏处。在日常训练中记录自己的睡眠时间，找到最适合自己的睡眠方式，并尽可能坚持。

（9）从不休息。

过度训练会导致很多问题，从伤病恢复到丧失积极性。每周的训练日程中要安排一天的休息时间，以及2～3天的轻松训练。交叉训练比较好，但也应留出一天的时间让肌肉得到恢复。

顺顺：将自己跑步的姿态进行影像录制，纠正自己的不良姿态。

5. 跑步中意外事件的处理方法

5.1 受伤了怎么办

启云：应停止比赛，及时处理后看情况来确定处理方法。

Piri：如果跑步过程中身体有任何受伤或不适，都建议停止运动，避免造成更大的运动损伤。

顺顺：遇到任何一种伤害，哪怕是踝关节扭伤、膝关节疼痛等都建议停止运动，要知道放弃是为了跑得更远。

5.2 跑步路上可能遇见的问题有哪些

启云：抽筋，肌肉酸痛，崴脚，岔气，中暑，脱水，失温等。

Piri：跑步过程中最容易出现的问题主要有：腿部抽筋、岔气、脱水等，往往在比赛的参赛手册中会有相关的温馨提示，建议跑友们仔细阅读。

5.3 如何克服自己的心理反复问题

启云：信心十足，自相矛盾，坚持跑完，就是胜利。

Piri：建议目标转化为计划，找一个水平相当的伙伴一同完成，相互督促，这样可以比较容易克服自己的心理反复。

顺顺：制订一个切实可行的计划并打印出表格，随着每一次的目标达成而勾画出当日成就。每次想到放弃的时候就对照表格鼓励自己。

6. 慢跑

6.1 到底多慢算慢跑

启云：用7分左右的力算慢跑，属于快走，不过也看个人身体条件，自身机能状态来定，因人而异。

Piri：参照靶心率相关内容。

顺顺：因人而异，建议购买一块能够监测心率的手表，始终将自己的心跳次数维持在最大心率的60%左右。

6.2 跑不动了能不能走？

启云：可以走，跑步不就是为了健身嘛，健康第一。

Piri：当然可以走。

顺顺：能走。

6.3 长时间慢跑有什么好处？

启云：合理跑步能调节身体各机能，平衡和改善身体状况。

Piri：

（1）看上去更年轻。

维持肌肤年轻的两种蛋白质是胶原蛋白和弹性蛋白。随着年龄的增长，紫外线的照射，氧化进程和各种压力，两种蛋白质都不断减少。定期跑步可以刺激胶原蛋白和弹性蛋白的再生并提高肌肤纹理的密度，减少皱纹的产生，保持肌肤年轻的状态。

（2）大脑更聪明。

在坚持跑步的过程，会增加大脑的血液流动，促进脑部发育，让人越来越聪明。有跑步习惯的人体内有较高水平的脑源性神经营养因子，该因子可促进（特别是海马体中的）神经细

胞的生长，并延长神经细胞的寿命。这部分人群体内的去甲肾上腺素水平也较高，这意味着，他们有更好的觉醒和应激反射能力。

（3）胖不起来。

跑步可以加快新陈代谢速度，脂肪不再会囤积。

（4）强健心脏。

坚持跑步以后，体能和耐力大幅度提高，更低的心率意味着更强劲的心脏，更平缓的呼吸意味着更加高效率的心肺功能。

（5）荷尔蒙分泌更旺盛。

跑步能使你保持紧致的好身材，从而增添个人魅力。有研究发现，中年女性在坚持了4个月的快走后，即使体重并没有太大变化，她们的自我感觉也会普遍提升；中年男性中每周坚持跑步的人比锻炼较少的人荷尔蒙水平更高。

（6）降低患乳腺癌的风险。

跑步可以防治乳腺癌，其根本原因是它可以控制人体发胖。《国际乳房健康和癌症指南》中指出：每天跑步30分钟，或者每周运动3～3.5小时，可以使乳腺癌危险至少降低20%。

（7）降低患老人痴呆的风险。

有研究结果证实，跑步可以减缓阿尔茨海默症高发人群的病症进展。跑步可以降低TAU蛋白质的磷酸化水平，这种蛋白质的含量是随着年龄的增长而增加的，在患有阿尔茨海默症的人身上，TAU蛋白质的磷酸化水平增加得更加明显。

（8）远离高血脂，高血压，高血糖。

长期坚持跑步可以改善人体的新陈代谢，加快血液流通速度，从而使体内的胆固醇水平和血压明显下降。有氧运动不仅会消耗体内多余的脂肪，避免高血脂，也会消耗体内的糖原，使血糖浓度降低，从而缓解高血糖等病症。

（9）增强免疫力。

跑步是加强免疫力的途径之一，通过跑步，可以提高人体的综合素质。在户外跑步，更容易适应变化的温度、湿度和其他环境因素，提升了免疫力，也就不容易生病了。

（10）生活工作更高效。

相信所有热爱跑步的人都能感觉到，跑步不仅是对体能的修炼，也会影响到人们的心境。当你每天为了一个目标而努力时，会变得更容易专注，也更在乎目标对于你的价值，而且还会提升执行力。

顺顺：锻炼心肺耐力，提高免疫力、增强意志力、体态优美、自信。

7. 如何检测跑量

7.1 开始跑步时，是以时间为基准好还是以距离为基准好？

启云：以时间为基准比较好，不要求速度，跑走结合，只要

2017
UTMB
2911
Guo
QIYUN
CHINA
Columbia
42195

跑在路上，匀加速

能完成规定的时间，能坚持就可以。

Piri：都可以，但这个目标不要设定得太高，要保证自己能够实现。

顺顺：以距离为标准更为直观。

7.2 绕圈跑时，逆时针跑好还是顺时针跑好？

启云：场地人不多的情况下，结合顺时针、逆时针交替的方法对肌肉均衡发展有帮助。

Piri：不用纠结顺时针跑还是逆时针跑，建议不要一直在同一个方向跑，如果总是逆时针跑，那么会对左脚脚踝、膝盖、髋关节产生过大压力，长时间容易造成损伤，可以经常换个方向跑，这样也能增加一点儿跑圈的乐趣。

顺顺：顺时针，因为人的心脏在左边。但如果跑的距离过长，应该顺时针和逆时针交换，避免一侧膝关节在过多的单向转弯中承受过大的压力。

7.3 怎么知道自己的跑步水平处于哪个级别？

启云：参加一个比赛或测试5公里、10公里或20公里就可以确定。

Piri：可以参加一些同距离的比赛，看看成绩是不是有所提高，也能够判断自己的跑步水平。

 8. 什么时间跑步好 

8.1 早上跑还是晚上跑比较好

启云：对上班族来说，尽可能抽出时间坚持运动，合理休息就很好，最好的时间，要算上午9点左右和下午5点左右。

顺顺：每天下午4点到5点。我的建议是开始跑的每个时间都是好时间。

8.2 夜跑需要注意什么

Piri：

（1）夜跑时间不要超过晚上10点，这个时间后不适合进行剧烈运动。

（2）不要为了减肥而空腹跑步，以免出现低血糖或因体力不支而晕倒。

（3）穿反光或荧光材质的衣服，车灯光照射后增强可辨，可以提升安全性。

（4）女性尽量不要自己一个人夜跑。如果独自夜跑，尽可能选择有人流、车流量少的路，或者是熟悉的线路。女性夜跑建议每隔一段时间就更换路线。

（5）经常在水泥地上跑步对膝盖伤害比较大，因此夜跑应选择草地、塑胶跑道等有弹性的地面。

（6）夜跑时尽量不要戴耳机。

顺顺：安全、安全、还是安全。

8.3 在户外跑步，一年四季都需要注意什么？

启云：最需要注意的是保暖、补给和安全。

Piri：注意热身、安全和放松。

顺顺：总体来说就是衣物的添减，配件的多少，如帽子、手套。

8.4 第一次参加跑步比赛需注意什么？

启云：充分热身，起跑时稳住速度，不要过快，采用匀加速的方法。

Piri：比赛前夕不要再进行激烈的训练，比赛前一天确认一下起点位置和公交线路、提前做好规划。比赛前夜建议食用易消化的高碳水化合物类食物，整理一下第二天要用到的装备，将号码簿固定在参赛服上。设定好闹钟，确保足够的睡眠时间。比赛前的早餐建议可以吃面包、面条、香蕉等易消化的食物，喝一点儿运动饮料。

顺顺：不要太兴奋，不要吃不熟悉的食物。

9. 跑步姿势

9.1 正确的跑姿是怎么样的

启云：适合自己的，只要注意脚不要太过外八字或内扣。

Piri：

（1）头肩稳定。跑步过程中，头部始终保持在肩部正上方，不要向前伸，也不要向后仰，肩膀始终平行于地面。

（2）身体挺直。从脖颈到腹部的身体躯干应保持自然直立，不要弯腰驼背或刻意挺直，记住要始终保持自然的状态。手臂和肩膀略后张，这样能很好地保证呼吸顺畅。

（3）前后摆臂。跑步时，身体的每个部位都应向前，手臂摆动时千万不可穿插到中间，最多不能超过身体正中线，上下摆动不超过胸部。手指、手腕、手臂保持放松，肘关节弯曲90度左右，靠近身体两侧。这样，同样能让身体更好地保持平衡。

（4）放松。双手自然轻握，不阻碍肩部动作。放松的跑很重要。

（5）步伐短小。新手不要大步伐，否则不容易控制好姿势。脚后跟带动脚掌落地，脚部采用滚动的方式向前。

9.2 跑步时前脚掌着地好还是后脚掌着地好

启云：因人而异，每个人肌肉力量不一样，最主要的是，不管什么着地方式，落地一定要轻。

Piri：普遍的观念之所以提倡不要用脚跟着地，原因在于当足部落地点越靠脚跟，身体重心就相对越偏在脚掌落地点的后方，造成跑步过程中膝盖不断吸收“迎脚而来”的冲击力，同时又要支撑“从后跟进”的体重，前后夹击、负担过重，久了就容易产生跑者最常见的膝盖不适症状。

如果以脚掌中段或前脚掌落地，身体重心将位于足部落地位置的上方，来自地面的冲击力较能通过腿部后摆的动作与小腿肌肉吸收转换，膝盖与髋部的负担较低，但相对地也更仰赖前足流畅的动作与小腿肌力和柔软度，所以初期尝试中前足着地的跑友，常会出现小腿酸痛、脚掌不适的情形，就是因为腿部动作不够流畅、小腿肌肉力量与柔软度还不足的关系。

但跑步时以脚掌或脚跟着地其实不只是看足部着地点这么简单，还需要考虑腿部动作与身体重心随步伐转换的相对关系，许多原本以脚跟着地、膝盖不适的跑者，换成脚掌着地后，反而产生足底筋膜、跟腱等小腿相关问题；脚跟着地看似不好，但其实对于小腿和脚掌的负担也较小，膝盖以下的肌群反而不用出太多力气（因为体重压力和冲击由胫骨与膝盖吸收），脚跟着地与脚掌着地各有其利弊，这也是为什么脚跟与脚掌着地始终备受争议、难有定论的原因。

事实上，影响跑者脚掌着地方式的主要原因就在于跑步姿势与技巧，我们应反过来调整自己的跑步姿态并规律地进行跑步技术练习，让跑步更具经济性与协调性，而不是专注于改变足部的落地位置。一旦有了良好的跑步姿态与流畅的跑步技术，脚掌将自动调整到适合你跑步动作与体态的落地位置，而对于大部分训练有素的跑者来说，由于有足够的肌力与动作流畅性，的确会以偏中前足的位置着地，但这是身体与技术条件所致，并非刻意用特定部位着地的结果。

如果你是跑步新手或是想调整自己的跑姿，除了请有经验的跑者或教练指导外，也可以搭配适当的力量训练，让躯干更加稳定、减少双腿的负担，并在休息日或轻松跑的日子搭配跑步相关的技巧练习，培养流畅自然的动作模式。随着循序渐进的调整、跑步技术的熟练、力量的提升，你将会发现跑姿越来越好、动作越来越轻松，脚掌究竟是哪边着地，其实也不必太过执着了。

9.3 跑步姿势难看如何调整

启云：慢慢调整会有变化，自己注意，还要请教练指导。

Piri：适合自己的就是最好的，不要在意别人的目光。

顺顺：对于初跑的人跑步的姿势不重要，跑起来才重要。

10. 遇上这样的问题还能跑吗

10.1 如果外面空气不好，怎么跑

启云：必须要跑的话，可以选择椭圆机，跑步机的话调一些坡度比较好，跑步机跑步，跑姿更重要，伤膝更严重。

Piri：可以选择室内跑步机、椭圆机或功率自行车代替。或者干脆休息一天，也是可以的。

顺顺：用跑步机训练，如果没有跑步机可以做徒手的力量训练代替。

10.2 感冒了还能跑步吗

启云：最好休息。

Piri：可以参考美国维克森林大学医学院运动医学专家达里尔·罗森鲍姆的“脖子法则”：

（1）如果感冒症状在脖子以上，仅仅是鼻塞、头痛、打喷嚏等，则可以进行适量的慢跑、快走等运动到微微出汗。

（2）如果出现脖子以下症状，如胸闷、恶心、肌肉酸痛、四肢无力等症状，就必须停止运动，安心休息。

（3）如果头部以上的症状比较严重，如呼吸道感染、喉咙痛、发烧，也应该停止运动，否则会加剧病情。

顺顺：不建议呼吸道感染时继续跑步。

10.3 下雨天不方便在户外跑步，进行什么样的运动可以替代？

启云：核心训练，瑜伽等都是不错的选择。

Piri：可以选择室内跑步机、椭圆机或功率自行车代替。或者干脆休息一天。

顺顺：如果没有跑步机可以做徒手的力量训练做代替。

10.4 酒后能跑步吗？

启云：尽可能不跑步。

Piri：不能。

顺顺：不建议跑步。

腿部肌肉训练：扫一扫，就知道。

腿部肌肉训练

Full Marathon
Personal Best
2h34'80"
郭启云
38岁
起跑于2004年
生命在于运动！

第四篇　跑得爽也得在意自我保护

1. 常见损伤

1.1 常见的运动伤害成因有哪些

启云：运动过量，不科学。

1.2 跑步中不受伤有什么诀窍

启云：秘诀就是科学训练，循序渐进，不求速成。

Piri：不要过分追求成绩和速度。

顺顺：量的控制很重要，同时要做相应的力量训练。

1.3 在水泥地上跑步是不是很容易受伤？

启云：不一定，主要还是看跑步姿势，其他辅助训练等。

Piri：不一定，但建议跑步初学者还是在塑胶或其他较软的跑道上跑会更好。

1.4 跑步时如何保护膝盖？

启云：请专业教练系统训练比较好 。

Piri：有针对性的增加膝关节周围肌肉力量的训练，避免错误的跑步姿势。

顺顺：增强膝关节力量。

1.5 受伤时该冰敷还是热敷？

启云：紧急情况先冰敷，然后找专业机构确诊。

Piri：伴有疼痛和肿胀的急性软组织损伤可即刻冰敷。损伤之后，受伤部位以肿胀和疼痛作为警示并提醒你制动，为身体自愈争取时间。RICE：休息、冰敷、加压、抬高患肢可以帮助减少愈合的时间。值得一提的是，休息并不意味着躺在床上，而是不使用患肢做激烈的运动。每次冰敷的时间是受伤后的24 ~ 72小时内，每2 ~ 3小时至少冰敷25 ~ 30分钟，最多不可超过45分钟，否则会造成冻伤以至于血液循环至伤口处。

顺顺：刚受伤时冰敷，24 ~ 72小时后可以热敷。

1.6 平时训练后有点儿小伤自己怎么处理

启云：确定伤病部位，咨询或请专业人员指导训练比较好。

1.7 跑步后如果只有一个人，怎么进行按摩放松

启云：充分拉伸，瑜伽也是很好的选择。

2. 跑步中的那些疼

2.1 跑步为什么腿会抽筋

启云：多种因素，自身机能较差，天气、环境等因素影响或者运动中补给不及时都会有抽筋的可能。

Piri：导致肌肉抽筋的主要原因大多数都伴随外部环境变化带来的身体刺激。

（1）寒冷刺激。受气温影响，兴奋性增加，易使肌肉发生强直性收缩。寒冷环境中运动时，无准备活动或准备活动不充分，或受寒容易发生肌肉痉挛。

（2）电解质丢失过多。运动中大量排汗，尤其长时间剧烈运动或高温季节运动，电解质随汗液排出。电解质与肌肉的兴奋有

关，丢失过多，肌肉兴奋增高易导致肌肉痉挛。

（3）肌肉连续过快收缩。在平时的运动训练或者比赛中，肌肉过快收缩，放松动作不充分，不协调引起肌肉痉挛，新手运动的跑者较为常见。

（4）肌肉疲劳状态。身体疲劳影响肌肉的正常生理功能，疲劳的肌肉血液循环和能量物质代谢有改变，肌肉中有大量的乳酸堆积，乳酸对肌肉收缩物质起作用导致痉挛。局部肌肉疲劳的状态下持续剧烈的运动或突然张力的动作尤其易引发痉挛。

防止抽筋的有效办法就是避免和消除那些与抽筋紧密相关的诱发因素。

（1）经常锻炼

运动前做好充分的准备活动，伸展开腿部、腰部、背部、颈部和两臂的肌肉。增加运动量不可过急，应该遵守每星期增加10%的原则。

（2）及时补水

在训练或者比赛开始前（特别是当身体要持续进行超过1小时的运动）、运动期间（尤其是炎热、潮湿的天气下）充分的补水。每隔20分钟喝一口水对于预防抽筋是非常有效的。

（3）注意饮食平衡

吃酸性高的食物容易引起抽筋，在运动中经常抽筋的小伙伴可以去做个血测，看看是否因为缺乏某些营养而导致，从日常饮食中补充各种必需的营养成分。

2.2 跑步后为什么趾甲会变黑？

启云：指甲变黑的成因可能是鞋子、袜子、跑步姿势等，选择最合适的鞋袜，尽可能改进跑步技术是解决的方法。

Piri：脚趾甲发黑的原因？

（1）鞋窄，不合脚，脚趾长时间与鞋挤压摩擦。

（2）跑步中遇到大量坡度或其他复杂地形，过于宽松的鞋在下坡时容易造成脚的滑动，脚尖碰撞鞋的顶部，导致脚趾甲发黑。

（3）跑步姿势不对，脚前掌过度落地。

跑步引起的黑趾甲，无需过分担心，正常情况会重新长出指甲。

如何避免将脚指甲跑黑？

（1）选择合脚的跑鞋。买跑鞋时尽量到专卖店试穿，看是否合脚、舒服，选择标准是至少比平时走路的鞋子大半码左右，为运动中脚趾留下足够的活动空间，同时在夏季温度高的时候，更要选择透气性好的跑鞋。长跑尽量选择鞋底厚、缓震强和包裹性好的跑鞋。鞋带系得宽松一点，也会更好的保护脚趾。

（2）不能穿太薄的袜子，也不建议穿全棉袜，尽量选择运动袜，更容易吸汗及排出热量。

（3）定时修剪脚趾甲。有很多情况也是因为脚趾甲过长，和鞋子顶部直接接触，在运动时脚趾受到过重的冲击，导致出现黑趾甲。同时对于普通跑友的跑步姿势，尽量避免脚趾先着地，这

UTMB
2911

UTMB
2911

UTMB
2911

2911

UTMB
2911

UTMB
2911

样可以做到很好的预防作用。

（4）提前预防。如果知道自己某个脚趾比较容易出现黑趾甲，可以提前用创可贴包裹一下，减少指甲和鞋子的直接摩擦，进行预防和保护。

顺顺：黑指甲一般是跑鞋不合适造成的。建议选购比平时略大半号的鞋子，同时鞋子系带不要太紧。

2.3 脚上跑出水泡了怎么办

启云：出水泡后用消毒过的针扎破，防止二次水泡，严重的应休息。

Piri：建议请专业医务人员处理。

2.4 跑步时为什么膝盖外侧会疼

启云：应及时确诊伤病情况。

Piri：建议及时就医进行诊断。

2.5 跑步中为什么脚底会疼

启云：有轻微炎症或者热身不足，造成了轻微拉伤。

Piri：足底筋膜炎是因为不正确的运动引起的慢性损伤。对跑者来说，长期不热身就直接跑步，很容易引起足底的慢性损伤，从而

导致足底筋膜炎。

疼痛部位常在足底近足跟内侧或足弓偏下一点的部位，走路或跑步时感觉疼痛或疼痛加重，有些人甚至在站立时都会有痛感，停止运动后症状会减轻。如果长时间没有活动之后，突然起身（比如半夜起床小解或早起下地），第一步会感觉疼痛难忍，走一阵之后疼痛又再次减轻。

出现这种现象的原因是在一段时间的休息和不负重之后，足底的筋膜处于缩短状态。这时候踩地，就会使过度紧张的足底筋膜产生疼痛。但是行走几步之后，缩短的足底筋膜被拉长，自然痛感会减轻。但是如果持续运动，足底筋膜又开始承重，又会慢慢缩短，疼痛就会再次加重。

如果要改变这种状态，首先是要改变运动习惯。一定要做好充分的准备工作，充分热身之后，再开始运动。

放松过度紧张的足底筋膜。可以使用足底滚网球的形式来放松足底筋膜。有时候过弱的足底肌肉也会导致筋膜过劳而特别紧张，可以做一些足底肌肉力量的训练，比如脚趾抓毛巾。矫形鞋垫或者理疗也能对足底筋膜炎起到比较好的治疗效果。

顺顺：体重突然增加（如怀孕），长时间穿高跟鞋或硬底鞋会导致足底筋膜炎，日常生活中需要多加留意。

2.6 跑步后为什么脚跟会疼 ?

启云：一般来说跑步落地太重会造成疼痛。

Piri：建议及时就医诊治。

2.7 跑步后为什么小腿前方痛

启云：没有拉伤的话，跑步中一般脚跟着地，有一部分人有勾脚尖的习惯，长期会造成小腿前侧肌肉疼痛。

Piri：初步判断可能是胫骨“骨膜炎”，建议及时去医院就医。

顺顺：一般是胫骨疼痛。

2.8 崴脚后脚踝疼怎么办

启云：应及时停下来用冷水冲或冰敷，同时找专业医师进行处理。

Piri：建议停止运动，找专业医务人员处理。

2.9 长跑时衣服磨痛乳头怎么办

启云：除了选择合适的衣服外，可以涂抹凡士林、粘贴创可贴等。

Piri：男性乳头的皮肤特别娇嫩，其致密度不如脸皮和其他区域的皮肤。如果衣服布料粗糙，与乳头贴得比较紧，反复摩擦就容易出现损伤。女性长跑比较少会出现乳头磨出血的情况，因为运动文胸能隔绝乳头与衣物的直接摩擦，同时女性的乳晕具有丰富的皮脂腺，分泌的润滑物质有保护乳头的作用。

男性长跑时如何预防擦伤乳头?

（1）涂抹凡士林。凡士林是一种矿物蜡，可以在皮肤表面形成防护层，但不会被皮肤吸收，也没有刺激性，同时也有保湿润滑的效果。所以在跑步的时候抹在容易摩擦的部位可以起到一定程度的保护作用。

（2）创可贴“X”粘贴法。跑步时会出汗，一层创可贴很有可能松动脱落。将2片创可贴贴错位叠加粘贴，更有效果。

（3）乳贴。乳贴是两块圆形胶布，将衣服和皮肤隔离开来，可以避免摩擦。

（4）选择排汗速的干衣服。长跑或参加马拉松比赛，推荐选择排汗速干的衣服。因为纯棉衣物虽然既吸汗又舒适，但是衣物吸汗后变沉，与身体的摩擦也越来越大。

顺顺：女性的话就一定要选择运动内衣；男性可以涂抹凡士林、贴乳头贴。

腿部训练的更多方法：扫一扫，就知道。

腿部肌肉训练2

3:01:15
A1158

3:01:15

第五篇　跑步与营养

1. 跑步中的吃喝

1.1 跑步前后可以吃东西吗

启云：跑前两小时或两个半小时之前就餐，跑步中也可以吃东西，如蛋糕、香蕉、西瓜等，能量补给等。

Piri：不要吃过多的食物，会加重身体的负担。

顺顺：正常饮食即可。

1.2 跑步中需要喝水吗

启云：跑步20分钟以上尽可能开始补给，应少量多次喝水，禁止大口喝水，不要渴了再喝，要提前开始补水。

Piri：建议少量多次原则，不要等口渴以后再喝水。

1.3 吃能量胶有什么作用

启云：运动补剂，容易快速消化吸收，保持身体运动水平 。

Piri：在长跑这种耐力运动中，身体主要通过“燃烧”两种“燃料”供能——脂肪和碳水化合物。脂肪储存的能量很多，但是供能效率较低，一旦运动强度超过60% ~ 70%的最大摄氧量（V_{O2max}，大约也就是一般人的马拉松配速），分解脂肪带来的能量就不足以维持了。

因此，碳水化合物是长跑中非常重要的能量来源。一般来说，跑得越快，碳水化合物供能的比率越高。但问题是，身体中以糖原形式存储在肌肉和血液中的碳水化合物含量有限。长跑时，大部分人体内的碳水储量可以维持约2小时的运动，除非顶尖选手，绝大多数马拉松跑者是无法在糖原消耗殆尽之前完成比赛的。

能量胶就是用来补充这一阶段能量缺口的。通常一包40g的能量胶有100大卡以上的热量，绝大部分来自于碳水化合物。

能量胶的主要作用是在比赛中为身体提供易吸收的糖分，同时补充电解质。人体内的肌糖原和肝糖原即使在存满状态下也不足以支撑人体以较快的速度完成全程马拉松，速度越快，身体就越倾向于以糖原作为能量，所以我们除了在比赛前尽量多储备糖原外，在比赛时也应该不断摄取糖分为身体供能，而实际上我们几乎不可能在比赛中喝如此大量的运动饮料来摄取到足够的糖分，所以吃能量胶是一个补充糖分的好办法。

1.4 跑步中什么时候喝运动饮料合适

启云：跑步20分钟以上尽可能开始补给，运动饮料最佳，尽可能不喝白水。

Piri：运动饮料有四个特点：一是补充水分；二是要含有营养素，如糖、多种维生素和矿物质等；三是具备功能性成分；四是无碳酸、无咖啡因、无酒精。运动饮料与其他饮料最大的不同就是它添加了钠和钾等矿物质，能更有效补充由于大量出汗而损失的水分和盐分。如佳得乐、魔力氨基酸、宝矿力水特、脉动、尖叫等。

运动前、中、后如何补充运动饮料？

（1）运动前1 ~ 2小时补充250 ~ 500毫升液体，可增加体内糖储备。

（2）运动中采用少量多次的方式，每40 ~ 60分钟补充125 ~ 250毫升液体，以防止胃的不适。补充血糖，延长运动时间，延缓疲劳的发生。

（3）运动后补充运动中的液体流失，运动中每流失1千克体重，就要补液1000毫升，可加速恢复体内失去的水分、糖分、无机盐、微量元素等，促进肌肉糖原迅速恢复，达到消除疲劳的作用。

顺顺：跑步时间超过1小时，或10公里以上的时候可以补充电解质饮料。

LA SPORTIVA

2911

2. 跑步减肥需要吃什么

2.1 只要坚持跑步，是不是可以想吃什么就吃什么

启云：科学运动，身体健康，想吃什么就吃什么，不过不能贪吃。

Piri：很多跑友认为："我跑量这么大，消耗卡路里多，肯定能把那些吃下去的热量跑掉。所以，我可以想吃什么就吃什么。"晨跑后以油条、小笼包、生煎和馄饨作为早餐；正餐时除了米饭、面条，也不回避油炸食物和高脂肪食物；平时对冰淇淋、奶油甜品也从不拒绝。这样的吃法，一方面低估了食物所蕴含的"卡路里"，往往会摄入过多的热量；另一方面高脂肪、高碳水的食物每次都在填充着你辛苦消耗掉的脂肪，却没有摄入充足的蛋白质来填充全身的肌肉消耗。这种随心所欲的吃法很快就会让你变成高脂肪、低肌肉含量体型的人，所以虽然你拼命跑步，穿着衣服看上去可能还不算胖，但体脂率却比较高。这也是很多跑友在跑了很长时间后，腰腹部却还有"游泳圈"的原因之一。

跑步爱好者也必须建立起科学饮食的观念，摒弃那种"我跑了那么多，想吃什么就吃什么"和"吃下去的我都能把它跑掉"的观念。所谓"三分练，七分吃"，吃是运动和健身很重要的一块，直接影响锻炼效果。低脂、低糖、低盐的饮食习惯是现代营养学所倡导的，科学的饮食结构也是优异的跑步成绩、成功的减肥效果以及理想体型的有力保障。我们可以“猛练猛吃”，但绝不能“猛练乱吃”，吃得科学合理才会事半功倍。

2.2 跑步减肥期间吃什么合适

启云：合理膳食，健康饮食结合运动即可，不能速成或药物帮助。

Piri：多吃天然或有机食品。

顺顺：粗粮、蔬菜、水果、白肉。

2.3 准备减肥，除了跑步，饮食上有什么需要注意的

启云：少盐，少油腻，尽可能不吃腌制食品和油炸食品。

Piri：避免高油、高盐、深加工食物。

3. 营养补充

3.1 为什么经常看到参加马拉松比赛的运动员吃香蕉

启云：香蕉是保护心脏的最佳食物，容易消化，吸收快。

Piri：香蕉常见且营养非常丰富。香蕉含有蔗糖、果糖和葡萄糖三种天然糖分，另外富含蛋白质、碳水化合物、钙、铁等矿物质以及微量元素钾、镁等。人们在剧烈运动后，体内的钾也会随着汗水产

生一定量的流失。钾是人体内重要的营养成分，帮助维持肌肉和神经的正常功能。人体内钾过低，就会感觉四肢无力、浑身酸软等。香蕉中含有的糖分可迅速转化为葡萄糖被人体吸收，是一种快速的能量来源，香蕉中含有的镁有消除疲劳的作用。

顺顺：香蕉含有大量的钾，迅速供能，缓解疲劳。

3.2 跑者要经常摄入哪些营养才能补充训练的消耗？

启云：碳水化合物，碱性食物，多种矿物质。

Piri：可以适当增加蛋白质和碳水化合物的摄入。

3.3 跑者除了正常三餐，平时还需要补充营养品吗？

启云：运动量大的话应额外补充运动补剂或加餐。

Piri：正常饮食即可。

腿部肌肉也可以这样训练，扫一扫，就知道。

腿部肌肉训练3

第六篇　工欲善其事必先懂装备

 1. 跑步需要哪些必需的装备 

启云：首先要选择合适的鞋子，一定要是跑步鞋，衣服选择透气、吸汗、速干的衣裤比较好。

细节展示 / DISPLAY　DETAIL DISPLAY

AT DRY

AT DRY FREEZE 凉感系列

李宁 AT DRY FREEZE/ 凉感技术，有助于运动时产生的热量快速散发，保持人体凉爽，让您穿着更加舒适。

网布拼接

大面积网布拼接，更出众的排汗效果。

字母印花

肩部背部大字母印花，彰显运动活力。

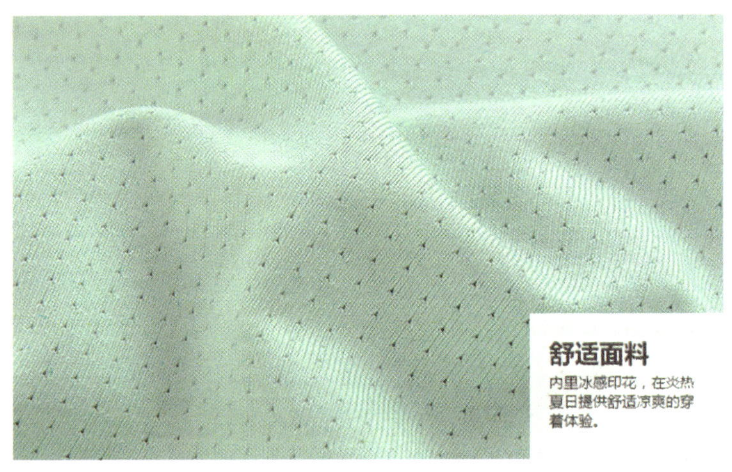

舒适面料

内里冰感印花，在炎热夏日提供舒适凉爽的穿着体验。

MODEL SHOT/模特实拍

PRODUCT SPECIFIC INFORMATION

产品展示 / PRODUCT

PRODUCT DISPLAY

▼

标准黑荧光亮绿

▼

标准黑

▼

檀黑色荧光粉绿

Piri：跑步装备有很多种，具体选用原则供参考。

（1）跑鞋

跑鞋是跑步运动中首当其冲的必备装备。跑鞋的首要需求是舒适，然后才是功能，鞋舒不舒服，只有脚知道。

（2）背心

马拉松运动员大多是穿背心，而非跑友通常穿的T恤，因为穿背心时皮肤裸露面积更大，更有利于散热，并且可以减少衣服对于皮肤的摩擦。

（3）短裤

马拉松运动员一般都穿较短且开叉较高的跑步短裤，因为短且开叉高的短裤可以减少皮肤与短裤的摩擦，并且有利于散热。

（4）袜子

重视跑鞋却不关注袜子，是很多跑者的习惯做法，其实一双看似简单的袜子也有许多功能设计，比如专业的袜子可以产生特殊包裹效应，减少脚与跑鞋的摩擦，吸汗排汗，提升脚踝稳定性。

（5）运动内衣（女性）

对于女性跑者，专业的运动内衣可以保护乳房悬韧带不受损伤，通过均匀的张力承托住乳房的重量，而不是简单把胸部挤压住。同时运动内衣应当舒适、透气、不妨碍肩胛骨运动。

（6）心率手表

一块心率手表不仅可以很好的记录诸多参数，更可反馈跑步

时你的身体反应，更可以让你摆脱用手机记录跑步数据的累赘。目前心率手表主流技术是心电（心率带）技术和光电技术，价格从几百元到上万元不等，可以根据自身实际需要进行选择。

（7）遮阳帽

如果比赛时太阳刺眼，马拉松运动员也会佩戴遮阳帽，并且帽檐还可以替代导汗带，防止汗水顺着眼角、鬓角往下流。比赛时如果下雨，遮阳帽可以防止雨水模糊视线。

（8）运动眼镜

夏季跑步时戴运动太阳镜，可以防止紫外线伤害眼睛。对于铁人三项、骑行、划艇等运动的爱好者来说，运动太阳镜更是必不可少。

（9）跑步书籍

跑步书籍可以算作是跑步运动的软装备，只有懂得用软装备武装自己，才能在理论和实践两方面做好充分的准备。看一本全面科学的跑步书籍，比道听途说各种经验都要靠谱。

顺顺：舒适、合脚的跑鞋（必备），遮阳帽，运动手表，排汗透风的衣物，运动内衣（女士必备），运动眼镜。

2. 跑鞋什么样的好

2.1 跑鞋怎么挑选

启云：初跑者选择缓震类的鞋子比较好，中高级跑者可以选择竞速鞋，不管处于什么水平的跑者，都要尽可能选择跑步鞋，休闲鞋、皮鞋等都不适合跑步，而且穿着休闲鞋或者皮鞋跑步也容易受伤。一般在下午选择鞋子比较好。

Piri：根据自己的脚型进行选择。

顺顺：应该首先对自己的脚型进行了解，结合自己的身高、体重选择合适支撑力度的鞋子，一般跑步用品商店会有专门的服务。

2.2 跑鞋怎么试

启云：可以去专卖店做个简单测试，让店员推荐一款合适的，多试几双对比一下。

Piri：很多的跑步门店都可以进行脚型或步态测试，根据脚型选择最适合自己的。

2.3 一双跑鞋大概能穿多长时间

启云：因人而异，跑姿等都会有鞋子的磨损有影响，鞋子保

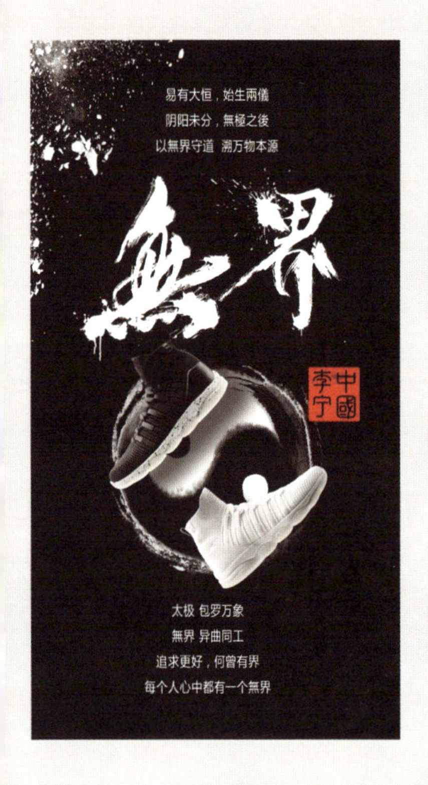
易有大恒，始生兩儀
阴阳未分，無極之後
以無界守道 溯万物本源
無界
中國
李宁
太极 包罗万象
無界 异曲同工
追求更好，何曾有界
每个人心中都有一个無界

今天
我们为你呈现無界
满足你
在不同的室内训练场合的需求
突破禁锢 专注加倍
無界之势 无过不及
壹 御劲無界
模块式减震科技大底
李宁模块式大底防滑耐磨
根据不同训练动作时脚底不同受力区域
分区块达到缓震效果
为跳箱、爆发性举重等动作
提供稳固的支撑

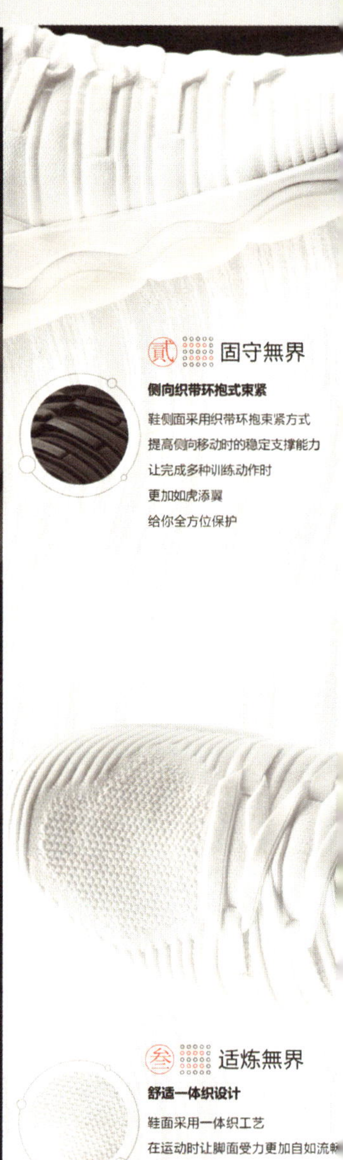
贰 固守無界
侧向织带环抱式束紧
鞋侧面采用织带环抱束紧方式
提高侧向移动时的稳定支撑能力
让完成多种训练动作时
更加如虎添翼
给你全方位保护
叁 适炼無界
舒适一体织设计
鞋面采用一体织工艺
在运动时让脚面受力更加自如流
鞋面更轻巧
鞋脚合一，混元一体
让运动无拘无束

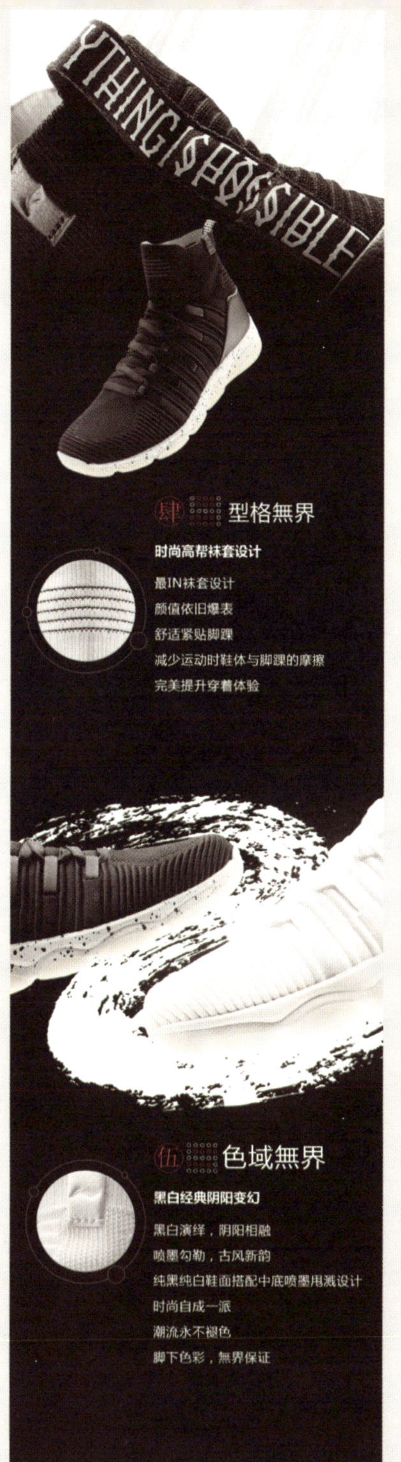

YTHING IS POSSIBLE
肆 型格無界
时尚高帮袜套设计
最IN袜套设计
颜值依旧爆表
舒适紧贴脚踝
减少运动时鞋体与脚踝的摩擦
完美提升穿着体验
伍 色域無界
黑白经典阴阳变幻
黑白演绎，阴阳相融
喷墨勾勒，古风新韵
纯黑纯白鞋面搭配中底喷墨甩溅设计
时尚自成一派
潮流永不褪色
脚下色彩，無界保证

阴阳太极，炼域江湖
無界制造
追求至炼化境
無界
LI-NING

养严格听取鞋子保养建议。

Piri：教大家一个简单的方法判别，你只要把鞋子平放，如果鞋子因鞋跟过度磨损而会摇晃，那么就表示你该换一双新鞋了。若以距离来看，跑行大约800 ~ 1000km就可以考虑更换新鞋了。

2.4 如何保养跑鞋

启云：保养鞋子建议严格遵照说明书执行。

Piri：因为长时间跑步鞋底吸收冲击力的功能会下降，使得鞋子原本的性能无法发挥。如果每天跑步不妨准备两双鞋轮流穿。让鞋子有时间休息一下，鞋底内部也有时间慢慢恢复原状。

3. 跑步的 APP 有哪些

Piri：这是一份全马300资深跑友推荐的10款好用的跑步app名单，排名不分先后。

（1）奔跑的线上马拉松：悦跑圈

2016年9月6日，跑步APP“悦跑圈”与中国田径协会正式达成战略合作，成为协会官方指定的线上马拉松唯一合作伙伴。

“线上马拉松”的模式在2015年厦门马拉松首次进行尝试，完成，得到跑步爱好者们热烈的反应，对线上奖牌的喜爱程度大大超出了主办方的预料，从此悦跑圈线上马拉松一炮而红。

除此之外，悦跑圈还具有专业化运动数据分析、数据防作弊系统、精准GPS轨迹记录、有趣的跑步圈社交和悦跑全国排行榜等功能。

（2）跑步全生态：咕咚

咕咚是国内市面上是最早做运动相关的app，从硬件设备起家，具有庞大的用户群数量。功能大而全面，有很多种运动方式，但主要还是以跑步、走路、骑行为主，社区功能占据的比例较大，咕咚APP采用的是时下很常见的“X+社交”模式，X因素包括竞赛、商城、线上马拉松和最近兴起的跑步直播等，是国内比较全面的跑步app。

（3）跑步数据的大海：郁金香

郁金香运动由一群热爱运动（跑步、铁人三项、滑雪、足球等）的工程师开发，郁金香最大的特点就是支持Garmin、Suunto、Bryton、TomTom、Runkeeper、Nike+running等众多数据导入。

郁金香运动app提供精准、专业的运动数据记录和分析，帮助运动爱好者更科学地运动，感知更美好的生活。跑步数据不再局限于手机，线上排行榜更具竞争性，当然你还可以查看高手们平时的日常训练，这是很重要的学习机会。

（4）让音乐伴你跑步：乐享动

乐享动主打的是从激励型音乐服务切入，延伸到后端智能穿戴设备的运动健康管理。

具体来说，而与传统音乐相比，乐享动选取的音乐是根据用

户跑步的BPM值（BESAT PER MINUTE每一分钟的节拍数量）而自由调整，每段音乐的时长在40分钟以上，这能对用户的跑步过程形成激励作用，也解决了以往跑步歌单手动切换的问题。

乐享动的愿景是成为一个基于“软件＋硬件＋内容”的运动健康管理平台。

（5）直播你的每一次跑步：跑步阿甘

与目前市面上其他跑步应用不同的是，阿甘跑步app更重视跑步过程中的社交，而不是跑步之前或者跑步之后。

阿甘跑步可以为跑友记录跑步的公里数、累计跑步时长、累计次数，并计算平均速度等，真是跑友的贴身管家。

除此之外，阿甘跑步为跑友打造了社区功能，社区中不但可以分享跑步成果、沿途风景，更可以在活动页面查看官方或者跑友组织的活动，随时随地报名活动，效仿 Color Run 奔跑出七彩的自己。

（6）流量、话费，一边跑一边撸：咪咕善跑

咪咕善跑能精确地追踪你的运动路线、距离、速度；实时监测运动数据，计算卡路里；根据每天的跑步数据制定合理的跑步计划，让跑步变得简单有格调。

作为中国马拉松队的官方合作伙伴，咪咕善跑也能举办专业赛事的能力，有不同规模的个人挑战赛，让跑步变得多姿多彩。

最重要的是还可以赢福利做公益，每个月都有万元话费和流量等你来取。

（7）跑步，根本停不下来：Nike+Running

在以“产品为中心”战略中，Nike+Running做得非常出色，既可以记录数据，也有社交分享的功能，而且还跟Google地图相连，记下你的跑步路线。

如果把Nike+看作起点，耐克公司发现的则是一片新蓝海。

（8）怎么跑、怎么练，听他的：慧跑无忧

专业跑步训练机构——慧跑无忧，利用自身专业跑步教练的资源优势，推出这款专业跑步计划软件。

慧跑无忧APP通过设定“跑力值”，以你本人近3个月最好成绩作为耐力评估依据，耐力水平不同，计划不同，配速不同，开启你的个性化训练。

（9）站在巨人的肩上：虎扑跑步

虎扑跑步整体来看，基础功能与其他无太大差别，但凭借着其论坛的影响力和数据基础，它的“跑步有道”功能确实增色不少。

跑步有道理基本上囊括了各类跑步知识信息，包括跑步装备、跑步训练、运动保护等等，很详细也很专业，让这个跑步软件不仅只是记录功能，还拓展出了知识获取与实践的方向。

（10）夺宝奇兵：益动GPS

益动GPS是一款由国内团队开发的基于GPS信息的运动记录app。

最近随着国内跑步，特别是马拉松运动的持续升温，在强大

的社交网络的助推之下，这款产品的用户数量有了显著的增加。

里程夺宝是益动GPS的一大特色，通过看得见摸得着的实物奖励，有效地激发了跑友们的跑步热情。

顺顺：益动、悦跑、keep、悦动、咕咚。

4.GPS 手表

4.1 为什么要准备 GPS 手表

启云：省去带手机的不便。

Piri：GPS手表用数据量化自己的运动是既科学又安全的，你可以监测你的心跳及平均步速，以免身体出现问题，你可以根据数据循序渐进的制订训练计划，就可以减少运动伤害的发生或者是锻炼无成效的结果。

顺顺：实时监测心率、跑步轨迹、配速的记录。

4.2 购买 GPS 手表要注意什么

启云：性价比高。

Piri：适合自己的即可，不必过分追求最好的。

顺顺：价格可以接受即可。

5. 其他准备

5.1 带手机跑步怕累赘怎么办

启云：佩戴腰包等解决。

（1）运动臂包

手机屏幕越来越大，携带越来越不方便，把手机装进运动臂包成为跑者的最佳解决方式之一。运动臂包有很多种，便宜的不足10元，贵的在百元以上。运动臂包的选购主要看佩戴是否牢固，还需要考虑固定臂带的弹性和宽度，佩戴牢固且舒适很重要。外观和材料，按照个人喜好选择就可以了。

运动臂包是佩戴在大臂上的，跑动中虽然大臂摆动幅度小，但依然有前后运动。即便弹性臂带能贴合肱二头肌，在静止的时候佩戴牢固，运动中摆起来依然会有一定的坠物感，手机尺寸越大越重，舒适度也越差。

（2）运动腰包

腰部比较稳定，所以对运动的影响极小，基本可以忽略。佩戴时需要把运动腰包的口袋部分放在后腰上，而不是小腹部位，因为腰部比较平而且抖动幅度更小，所以贴合更为牢固。

那种有好几个口袋，甚至长得像普通腰包的产品，往往会不够贴身，不够牢固，因而对运动造成影响。最好选择简单的类

型，也就是上面只有一个口袋的。

如果运动的时候使用有线的运动耳机，买腰包的时候可以留意腰包上是否为耳机线预留了插口孔，或者即便没有预留位置，但拉锁的位置可以允许耳机线伸进出的腰包也是不错的选择。

顺顺：可以佩戴腰包。

5.2 跑步袜怎么挑选

启云：建议选择材质为纯棉，包裹性好，没有多余的颗粒的袜子。袜子选择不好容易跑的时候穿脚上容易磨泡。

Piri：建议选择针对跑步设计的袜子，特别要注意舒适性和透气性。

顺顺：底厚、纯棉、没有接头。

5.3 跑步需要穿紧身衣（裤）、压缩衣（裤）吗

启云：按个人习惯就好，可以按功能来选择，长距离跑步穿紧身裤的优势是皮肤不会轻易磨损。

Piri：看个人喜好和需求，紧身衣、压缩衣能够帮助提升运动表现，但关键还是看训练的水平。

顺顺：超过半马的距离就应该穿压缩衣裤，不过因人而异，有人不喜欢被包裹的感觉。

5.4 女性跑步为什么需要穿运动文胸

启云：男生胸肌过大也需要穿压缩类衣服。

顺顺：跑步时需要选择中高等强度支撑的运动内衣。跑步属于高强度运动，跑步会使女士胸部受冲击而震动，运动内衣一般弹性好，便于肢体屈伸自如。

5.5 运动文胸该怎么挑选

启云：选用比平时穿的内衣小一号的比较好。

顺顺：女士会感觉运动内衣一穿，立刻一马平川，所以在选择的时候要注意不能只注意美观，保护的功能最重要。需要根据跑步距离长短和频率选择中等到高强度支撑的运动内衣。同时也跟女士胸围大小有关系，一般罩杯大的需要的支撑强度更强。

5.6 日常使用运动文胸有哪些需要注意的

顺顺：要用温水洗涤，选用中性洗涤液，尽量避免机洗。

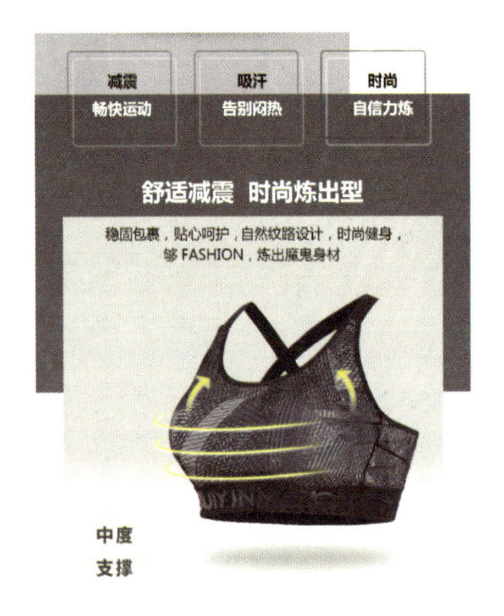

清爽吸汗 拒绝束缚

内里网眼设计，透气干爽，弹性面料，
减少束缚感

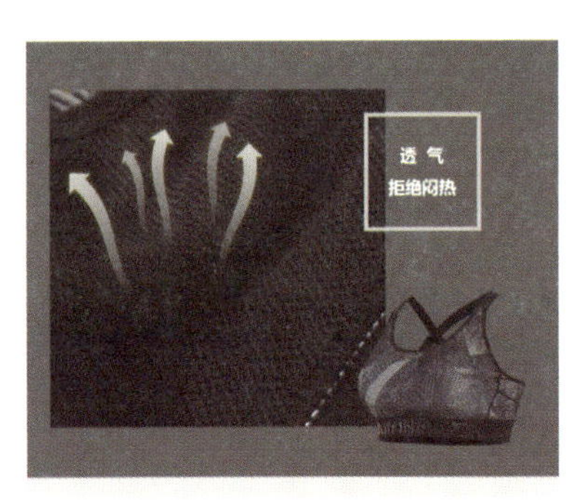

产品信息

名称　运动文胸

款号　AUBM188

成分　面料：80% 聚酯纤维 20% 氨纶
里料：80% 锦纶 20% 氨纶

产品细节

字母图案

下胸围弹力带的大写字母，美观大方，动感活力。

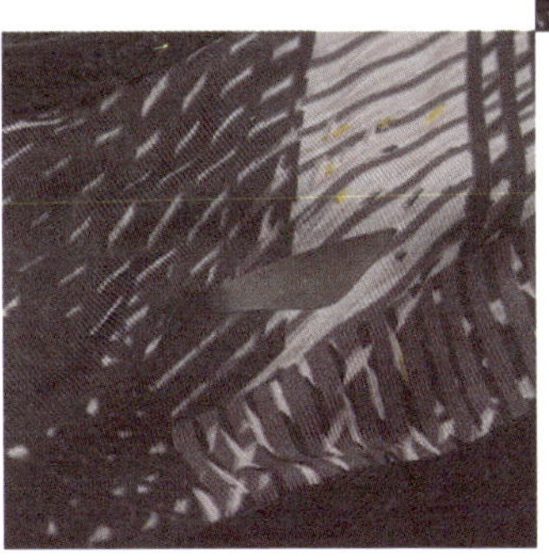

品牌 logo

李宁品牌 logo，做工美观，彰显品牌魅力。

5.7 不同季节跑步时该穿什么衣服

启云：春秋天跑步穿长衣长裤，夏季跑步穿短裤短袖，冬季跑步时除了长衣长裤，还需要考虑保暖，训练结束后要迅速换上干爽的衣服，防止感冒。

Piri：春夏气温升高，衣服要注意透气、排汗，秋冬气温较低，要注意保暖。

顺顺：冬季长衣长裤、跑步马甲或软壳外衣；夏季短衣短裤速干衣物

5.8 跑步时应该怎么系鞋带

启云：有些跑者运动时鞋带总会散开，这与鞋带材质有关，比赛或长距离跑时鞋带可以多打一个结，或者把鞋带头塞到鞋舌处。

第七篇　徒手训练计划

恶劣的天气、懒惰的情绪以及怎么都忙不完的工作，这些能抵挡住你的脚步吗？快来试试大挑战训练计划吧！四大关键词分别是：徒手、便捷、挑战、超越！

温馨提示：

（1）根据自身情况适当增减训练组数和重复次数；

（2）组间休息时间和每个动作之间的休息时间控制在30～60秒；

（3）如果无法一次性完成规定次数，可以休息10～20秒，再继续进行，直到做够为止；

（4）训练前充分热身；

（5）如果只进行该套计划，可以隔1～2天训练一次。

 1. 推荐训练内容——男 

（1）徒手深蹲（全蹲）3组 ×100次

（2）徒手箭步蹲，每侧练习3组，每组50次

（3）单腿提踵，每侧练习4组，每组30次

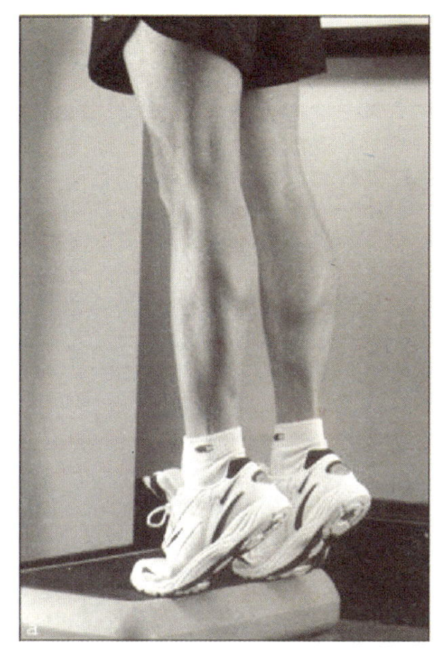

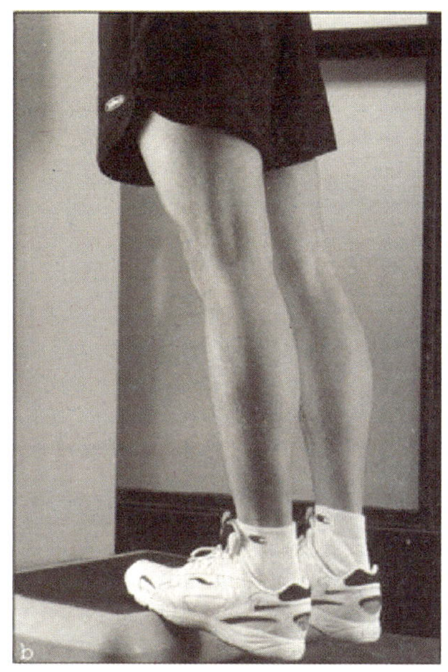

（4）提踵深蹲，4组 ×20次（以提踵姿势深蹲）

（5）俯卧撑4组 ×30次

（6）下斜俯卧撑（双脚抬高）4组 ×20次

（7）窄握俯卧撑3组 ×15次

（8）平板臂屈伸3组 ×15次

脚放在地面上可以降低难度，根据自身情况选择动作训练。

（9）卷腹3组 ×30次

（10）反向卷腹3组 ×30次

（11）平板支撑3组 ×60秒

 2. 推荐训练动作——女 

（1）深蹲（全蹲）3组 ×30次

（2）靠墙静蹲4组 ×60秒

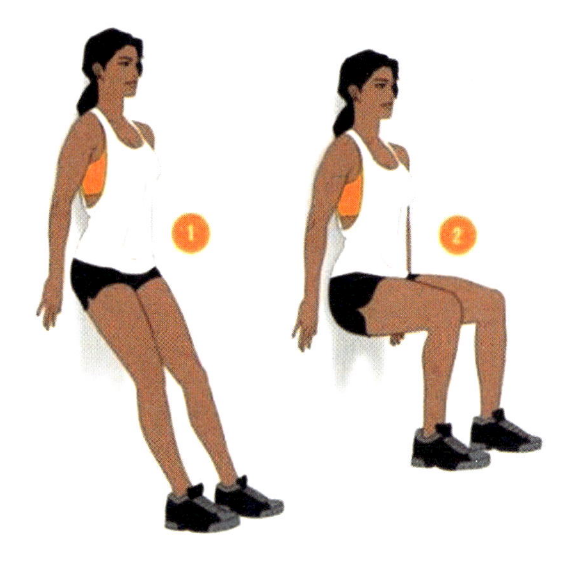

（3）跪式俯卧撑3组 ×15次

（4）上斜俯卧撑3组 ×15次

（5）平板臂屈伸2组×15次

特别提示：弯曲腿部可降低难度。

（6）卷腹3组×20次

（7）反向卷腹3组×20次

（8）平板支撑3组×60秒

（9）双臂交叉开合跳5组×30次

跑在路上，匀加速